AF143192

D'Amours et de Bières

Dom…

Pour la création de ce troisième acte, qui dois-je remercier ?

Personne ! Je suis le seul coupable !

J'espère juste que ce dernier recueil prendra Vie grâce à Toi Lecteur.

Un livre qui n'est pas lu n'existe pas.

Un livre qui est lu est vivant grâce au talent qui se trouve dans les yeux du Lecteur, dans tes yeux Lecteur.

Alors, MERCI à Toi LECTEUR…

Dom…

© 2019, Trambouze, Dominique
Edition : Books on Demand,
12/14 rond-Point des Champs-Elysées, 75008 Paris
Impression : BoD - Books on Demand, Norderstedt, Allemagne
ISBN : 9782322187270
Dépôt légal : novembre 2019

D'Amours et de Bières

Comme la chaise a la table
Comme l'oiseau a les ailes
Comme la Dune a le sable
Comme la Mer a le sel

Comme la vis a l'écrou
Comme la main a les doigts
Comme Tintin a Milou
Comme le vers a la soie

Comme le jeu a la mise
Comme la nuit a le jour
Comme Thelma a louise
Comme jamais a toujours

Comme le sioux a la ruse
Comme le chien a la laisse
Comme la rime a la Muse
Comme l'alcool a l'ivresse

Comme l'abeille a le miel
Comme le Sud a le Nord
Comme la Terre a le Ciel
Comme la Vie a la Mort

Comme l'Enfer a l'Eden
Comme le cœur a la peine
Comme l'Amour a la haine
Comme le roi a la Reine

J'ai d'Amours et de Bières…

12/08/2018

Et Toi

Ouais j'ai les mains ridées et le stylo qui tremble
Sur ma plume endurcie qui lacère le papier
De rimes tordues de maux que les mots désassemblent
D'une encre ensanglantée que je ne peux nier

Nous voyageons ensemble depuis tellement d'années
Il est temps aujourd'hui que je te remercie
D'avoir été l'écho de ma voix atrophiée
D'avoir su soulager mon âme et mon esprit

Je n'ai que deux amies la Solitude et Toi
Crayon pour mon regard tu me libères des peines
Tu m'écris plus souvent en triste que dans la joie
Mais rêver tu le sais n'est pas une chose vaine

Sur tes pages en miroir je me regarde souvent
Mon chagrin est palpable et mes murs se lamentent
Sais-tu que chaque fois tu chasses mes longs tourments
Les minutes avec Toi sont des heures moins pesantes

Écriture ma rebelle seul fidèle exutoire
Ne me lâche plus la main de Toi j'ai tant besoin
Peu importe qu'à mes pieds il n'y ait que foutoir
Feutre noir de mon cœur tu es mon seul témoin…

12/05/2016

Et puis toujours

Et la pluie tombe en rime ouais c'est mon cœur qui goutte
Un vieux texte qui remonte sa descente aux Enfers
De parchemins perdus et de mauvaises routes
Mes lambeaux j'ai laissé se noyer dans l'amer

Je m'écrie et j'écris des vers sur le rasoir
De mes nuits harassantes par des anges fanés
J'ai la lame à la peau et du sang à pleuvoir
Ma Lumière est malade sur l'aube qui s'est levée

J'ai la maison nouée et puis la corde au coup
Et mon cœur a pris froid par trop de courants d'air
Que l'horloge sans aiguilles et ses ciseaux jaloux
Ont attisé sans fin au fond de tous mes verres

Et je vieillis toujours dans mes textes déglingués
Je plonge aux marécages de mes sables d'avant
Dans mes rêves je ne vois que les étoiles filer
Et j'avale les regrets dans le passé mouvant

Sur le fil de ma Vie d'invisibles filets
Je m'accroche à mes maux ouais dures acrobaties
L'acide de mes mots brûle tout sur le papier
Je tombe et me relève et puis toujours j'écris…

13/06/2016

Entrée en matière

Je suis un vagabond je suis un vieux poète
Un cœur qui fait des bonds du feu dans les mirettes
Un jour j'étais gitan un autre millionnaire
Et successivement astronaute et Voltaire

J'étais un amoureux comme la chatte de la chienne
J'étais un homme heureux un rêveur schizophrène
Un jour j'étais un arbre un peu dur de la feuille
Un autre j'étais de marbre sous les regards en deuil

J'étais un grand pilote pour la presse en sandales
Morteau et cancoillotte au bout de mes scandales
Je conduisais toujours assis sur mon derrière
Et ma Bière de secours faisait des roues arrière

Lorsque j'étais un dieu dans une Vie d'Enfer
Où le plus malheureux riait de la misère
J'ai tendu l'autre main et j'ai baissé les yeux
J'ai changé le destin et séché tous les cieux

Et j'étais une pierre sur le dos des montagnes
Je fus même une Bière née d'un fût de campagne
J'étais un scarabée qui chassait le Soleil
J'étais dans un rucher courtisant les abeilles

Je suis un vagabond des mots dans sa besace
Un vieux caméléon joueur de contrebasse
Je suis tellement petit que j'embrasse la Terre
Et ne suis de l'esprit qu'une entrée en matière…

09/08/2017

Pour enfin

Qu'il est aisé de s'envoler vers les nuées
Et se poser pensif au bord de l'Infini
De se fondre en son soi en profonde harmonie
De se voir s'en aller doucement transporté

Il me sied d'être ainsi tel d'une autre planète
D'appartenir au Temps autant d'un autre Temps
Connecté de partout et à rien pour autant
Comme si les au-delàs s'invitaient dans ma tête

Qu'il est aisé de se couper de tous mortels
De leurs esprits normaux se disant d'envergure
Du bruit de nos clapets de nos sombres figures
Et de rejoindre léger les traînées d'infidèles

Je ne tiens au terrestre qu'au bout de la racine
Son reste est l'oxygène qui fait que je m'attache
Et même sans faire semblant sans secours que je sache
Je m'accroche à mon cœur quand la Mort se dessine

N'est-il de plus beaux films ou de vivants spectacles
Que mes nuits recouvertes de mille lumières éteintes
Qui me ferment les yeux et me disent sans contrainte
Que le beau dans l'Amour ne tient pas du miracle

Puisqu'on peut lire sans voir et apprendre sans connaître
Puisqu'on peut être chômeur alcoolique et poète
Puisqu'on peut se mentir sans être malhonnête
Alors j'invente ma Vie ouais pour enfin renaître...

07/06/2018

De l'automne à ma porte

Je rêve de tant de fables puisées à La Fontaine
Quand ma Muse m'accable de ses allures mondaines
J'aimerais tant y croire aux moissons sur la friche
Trouver un peu d'espoir et le haut de l'affiche

Sur mon arbre de Vie dans ses feuilles j'affine
Je plonge en tragédie taries jusqu'aux Racine
Vont les sombres Corneille qui crachent mes aCid
Aux branches qui s'éveillent dans mes sèves arides

J'ajoute les indiens qui brillent de rouges peaux
Mon fleuve est un païen trop ivre sous le bateau
Petit Prince de la vigne mes vers moutons vont paître
Un oiseau les dessine de sa plume qui va naître

La poésie s'effleure en multiples jardins
En guitares qui pleurent la cordée des quatrains
De Lautrec à Toulouse au Paradis Latin
Dans la fièvre andalouse au creux d'une catin

Je vais mes montgolfières et mes noirs ballons
Il m'arrive d'être fier quand je crée l'émotion
Si parfois capricieuse elle réclame des notions
La flamme est prodigieuse dans son élévation

Quand mes spleens s'engouffrent aux Cieux d'un beau de l'air
Que l'Idéal s'étouffe figé dans l'eau dans l'air
Si je dérive en blouge une violette dans le dos
J'y vois le masque rouge et le manque de Poe

La philosophie tonne chez Rousseau et Voltaire
Moi ma Mer papillonne de vagues d'éphémères
Et ce récit est né de l'automne à ma porte
J'aime le voir ramasser à la pelle mes feuilles mortes…

Au plus fort

Ma Muse s'alanguit dans les chants de colza
Ses fleurs me font du mal me noient dans la rosée
En redressant les tiges qu'elle omet d'arroser
Absentes de mes feux les fumées qu'on osa

La joie et le bonheur sont en chacun de nous
Infimes sédiments perdus dans les remous
La flèche décochée qui cherche en vain sa cible
La péniche qui peine sur nos fleuves impassibles

Or j'allonge le pas au creux d'un long chemin
Un ruban bitumeux qui me rend vers demain
Serpentant l'écriture au creux d'un doux vélin
Suis-je de musc ou bien d'ambre ou encore de venin

Seule m'importe la Lune l'alchimie du halo
La magie des reflets quand elle me jette à l'eau
Et dès lors j'appareille prêt à fouiller l'abîme
Pour de nouveaux Soleils au plus fort de ma rime…

15/07/2016

Fidèles

Je veux dire une Terre au mât de tes cocagne
Où luttent en creux tes sphères et ma bohème qui gagne
Du terrain en exil sur la lande des sillons
Le Soleil sur tes cils reflète l'or en rayons

Petite particule en ta noblesse osée
Larme de canicule de pluie ou de rosée
Du souffle j'articule par bribes déposées
Pour rendre ridicules tes passés de nausée

Je veux dire une sève un carmin en tes fièvres
En orage une trêve doucereuses tes lèvres
Se pâment enfin d'averses dans la mousse apaisées
Une onde qui te berce mon âme est ce baiser

Dans mes galops nacrés je brave la raison
Les funèbres fossés barrant les horizons
Tes chevaux crient le fer des sabots qui déferlent
S'immiscent en mon désert où le sable est de perle

Je veux te dire surtout à Toi fragile Amour
Englué dans mes boues aux sombres alentours
Je t'aimerai demain tout au bout du tunnel
Et ta main dans ma main nous nous serons fidèles…

12/05/2018

12

Pour Toi

Ma Solitude mon âme mon vertige ma folie
Mon île aux souvenirs mon bassin d'illusions
Pour Toi ces cordes tressées de l'écume de mes nuits
Ces nids aux mille voyages au million de passions

Ma luciole mon ruisseau ma vallée mon entorse
Mon image sur l'écran mon bouquet de lavande
Pour Toi j'écris je peins sous de pourpres écorces
Sur des épines de pin égarées dans les Landes

Mon fragile arc en ciel ma brume mon mirage
Pour Toi ces notes d'oiseaux aux ailes sans rancune
Ces algues vagabondes aux sillons de ma rage
Ces perles de sanglots dans un collier de Lune

Mon poème mon regard mon reflet dans les livres
Mon encre délavée ma page inavouée
Pour Toi ces neiges d'été et ces Soleils de givre
Ces moissons d'avenir ces fruits de Liberté…

11/01/2017

Elle

Elle est un mot d'Amour aussi beau qu'une étreinte
L'ivresse qui se savoure les râles mais sans les plaintes
L'offrande mise à nu aux mains de ma folie
Une âme suspendue aux parfums de mes nuits

Elle est tellement celle qui me fait être moi
Que même mes violoncelles se biturent sur les toits
Elle est tellement belle entière de haut en bas
Elle est tellement Elle que dieu n'existe pas

Elle est le doux câlin qui anime mes sommeils
Un baiser sur ma main brûlant comme le Soleil
Le signet à la page des hauts faits de l'émoi
Elle est comme un adage apologique pour moi

Elle est l'étrange phare qui prévient mes colères
De miel est son regard lorsque je suis amer
Elle est la voie lactée coiffée en arc en ciel
De l'étoile mon berger ma Mère spirituelle

Elle est la clé secrète du pêché ancestrale
Cachée sous le corset de son corps sculptural
Elle est pour Lucifer la chaleur de ses flammes
Elle est tout l'Univers Elle est Elle Elle la Femme…

27/08/2017

Ni la peau

Ouais bien sûr j'encourage tous les feux sur la grève
Où l'on va s'accoster sur la braise des serments
Je bois à la montée dans l'arbre de la sève
Aux horizons carmin aux fièvres des amants

Je sais bien l'engouement des cœurs qui s'affriolent
L'impact sur la peau des longs frémissements
Et puis le goût des cendres quand les espoirs se violent
Les abrupts sillons et les traînées de sang

Souvent tous azimuts nos mots sont des gitans
Les voluptés d'un soir au creux de nos bohèmes
Ces rouges flamencos et ces grains que l'on sème
Vont germer sur la page avec le firmament

Je m'y verrais gratter pour trouver l'étincelle
Le sursaut le génie qui fait feu de tout bois
Les chevauchées à cru dans des galops sans selles
De ces Muses bohémiennes qui danseraient pour moi

Je m'y verrais c'est sûr si mielleux si transi
Arrondissant mes vers en silences qui se perdent
Mais elles s'enfuient déjà quand leur fleur se languit
Dans des angles plus durs sous des mains brunes de merde

Dès lors j'en suis certain j'entends déjà tonner
Les foudres de leurs voix sur mon acier qui rouille
C'est clair je n'aurai dû mon avis leur donner
Ni mon cœur ni mes mains ni la peau de mes couilles…

01/09/2016

Sans nuisibles

Dis-leur que je suis mort ou porté disparu
Tombé au fond d'un puits ou peut-être kidnappé
Que ça fait des semaines que tu ne m'as pas vu
Et que mon téléphone sonne toujours occupé

Dis-leur que sur ton seuil une lettre tu as trouvé
Sur un papier froissé où je fais mes adieux
Et qu'entre chaque mal s'enlacent mes regrets
Que je livre à confesse mais devant aucun dieu

Dis-leur que c'est mon cœur qui a cessé de battre
Mon moral éclaté n'a pu me relever
Que mon corps fatigué n'en peut plus de combattre
Je n'ai plus de mouchoirs pour mes larmes essuyer

Dis-leur que tous mes jours sont pires que toutes leurs nuits
Et qu'à chaque crépuscule je vais dans les cimetières
Porter des chrysanthèmes aux morts qui me sourient
Et j'écoute leur repos allongé sur la pierre

Dis-leur que j'ai perdu à trop vouloir jouer
Que je suis mauvais rêve ou réel cauchemar
Qu'à vouloir être aimé l'Amour m'a décimé
Et a jeté mes cendres quelque part au hasard

Ouais dis-leur bien tout ça tu leur feras plaisir
Ça les réjouira de me voir invisible
Même si évidemment je n'aspire qu'à vieillir
Loin de leur perfidie dans un monde sans nuisibles…

02/09/2016

16

Insolite

Apprendre à s'en aller
Bercé paisiblement
Donner sans être aimé
Par le souffle du Temps

Danser sous les orages
Des instants éphémères
Flotter sur les nuages
De son imaginaire

Contempler le passé
Dans ce Ciel grandiose
Apprendre à s'en aller
Se détacher des choses

Dériver sans conjoint
Autour de l'Univers
Se perdre dans la nuit
Et n'être plus qu'un point
Insolite de Lumière
Dans l'espace de la Vie…

13/09/2016

Un cri dans l'Océan

Un cri dans l'Océan
Rebondit sur les vagues
Un cri dans le néant
Sur les récifs divague

Sur la voie du silence
Tous les cris se déchirent
Et partent dans tous les sens
En de profonds soupirs

Un cri dans l'Océan
Se brise sur les rochers
Dans l'écume se répand
Et fini ensablé

Sur la voie du silence
Beaucoup de cris s'affalent
Et dans tout ce non-sens
La voix leur est fatale

Un cri dans l'Océan
S'épuise sous les orages
Souffre des vents violents
S'échoue sur le rivage

Sur la voie du silence
Tous les cris se sont tus
La voix est une offense
Le silence l'a rompue…

01/01/2002

Seul le Soleil

La Lumière est tombée dans un vide improbable
Et les ombres s'enlacent sur l'écran de la Vie
Les fleurs se sont fanées dans la nuit insondable
Et les arbres sont morts sans donner un seul fruit

L'hiver s'est couché sur le tapis du Temps
Les sourires sont figés d'éclats évanouis
Dans l'âtre de nos cœurs crépitent nos tourments
Et nos rêves fragiles comme du cristal poli
S'évaporent déjà dans le noir firmament

L'Amour agonisant dans un cri de douleur
Est venu s'échouer sur cette Terre tombale
Ici reposent en paix les cendres de nos cœurs
Pétales incandescents de pauvres fleurs du mal
Qui éclatent en beauté dans le froid hivernal

Et la flamme s'éteint à la bougie du Temps
Et même la Vie se fane comme sont fanées les heures
La Lumière est tombée tout au fond du néant
Là-bas à l'horizon seul le Soleil demeure…

03/10/2016

Douce trêve

Il suffirait de quelques mots
Pour avancer sur notre route
Et remonter sur le bateau
Amarré au port de nos doutes

Il suffirait d'un peu d'Amour
Pour redécouvrir le partage
Et reconstruire les vieux toujours
Laissés sur des voies de garage

Il suffirait de Cieux tendresse
Pour allumer quelques étoiles
Et recueillir toutes les promesses
Gravées un jour sur notre voile

Il suffirait d'un temps d'écoute
Pour apprivoiser la confiance
Retrouver nos Vies en déroute
Perdues aux sentiers du silence

Reviendront-ils les verts printemps
Dans de tendres bourgeons de rêve
D'où s'éveilleront doucement
Les soupirs frêles d'une douce trêve…

04/01/2017

Aux sources de l'instant

Des larmes de cristal
Perlées de souvenirs
Inondent l'avenir
En un doux récital

S'élève alors la flûte
En refrain d'Univers
Tel le chant de la Mer
Que la brise chahute

Dans les espaces de flou
De l'esprit en latence
Se grave l'espérance
Sur des mots de cailloux

Et l'Amour refleurit
Au jardin des Lumières
Dans la mousse de nos Bières
Sur des reflets de Vie

Et des ruisseaux du Temps
Jaillissent en secret
Des sources oubliées
Sculptées sur un instant…

22/04/2018

Promenade

Des graines de vent
Sur des brins de pluie
Aux cris de fourmi
Dansent dans les champs

Des papillons blancs
Sur des traits de miel
Aux rives du Ciel
Joue de l'olifant

Des plumes de Mer
Sur des lits de brume
Aux ailes d'écume
Voguent dans les airs

Des perles de glace
Sur des bouts de rien
Aux coins des matins
S'empilent dans l'espace

Des bulles de Lunes
Sur des draps de nuit
Aux fins cliquetis
Courent sur la Dune

Des mots à l'envers
Sur des rimes folles
Aux allures frivoles
Cachent leurs mystères

Des fleurs de poème
Sur des pages de neige
Aux doux sortilèges
Ainsi me promènent…

07/01/2017
La première

Ouais je vais m'absenter pour aller faire la fête
Aller me faire un Blonde me retourner la tête
Et aller voir la nuit pisser sur la Lumière
Là où la première Bière n'est jamais la dernière

Ouais je vais m'éclipser pour aller faire la fête
Aller me faire une Rousse et partir en sucette
Et aller voir la Dune pisser sur les déserts
Là où la deuxième Bière n'est jamais la dernière

Ouais je vais me barrer pour aller faire la fête
Aller me faire une blanche avant qu'on me la mette
Et aller voir les fleurs pisser sur les cimetières
Là où la troisième Bière n'est jamais la dernière

Ouais je vais me tirer pour aller faire la fête
Aller me faire une Brune t'as vu comme j'me la pète
Et aller voir la Mer pisser sur l'Univers
Là où la cinquième Bière n'est jamais la dernière

Ouais je vais m'évader pour aller faire la fête
Aller me faire une Gueuze j'ai oublié d'être bête
Et aller voir l'Amour pisser sur l'éphémère
Là où la dixième Bière n'est jamais la dernière

Ouais je vais tout quitter pour aller faire la fête
Et me faire une Despé à poil ou en survête
Et aller voir la Bière pisser dans tous les verres
Là où la dernière Bière est toujours la première…

18/03/2019

L'heure

C'est l'heure où l'horizon
Fait disparaître les brumes
C'est l'heure où le Soleil
Se fond dans le bitume

C'est l'heure où la Lumière
S'étreint dans les néons
L'heure où le cœur s'éclaire
Ignorant les raisons

C'est l'heure des créatures
Que notre esprit s'invente
L'heure où nos écorchures
Sont des fleurs inconscientes

C'est l'heure où dansent les ombres
En de multiples couleurs
L'heure où sous les décombres
Renaît la bonne humeur

C'est l'heure des cacahuètes
Et du bruit des glaçons
L'heure juste avant la fête
C'est l'heure des tire-bouchons

C'est l'heure indispensable
Où l'on ne boit pas d'eau
C'est l'heure non négociable
Ouais l'heure de l'Apéro…

31/08/2016

Petite fugue en schizo majeure

J'ai refourgué ma Muse contre une pipe d'acajou
Pour fumer sous la rime en cramant mon caillou
Ainsi je bois une Bière à chaque aspiration
À mille pieds sous la Terre dans mes inspirations

Je secoue le juke-box aux radiations bipèdes
Et je passe mes vinyles sous le diamant qui cède
À chaque pierre posée c'est du lierre qui se stresse
Un bonobo du zoo qui joue avec ses tresses

J'invente des bottes d'épées pour estoquer ma paille
Je remballe une nympho en pantalon d'aiguilles
Je pars voir chez Dylan si l'étoile part en vrille
Et dire à ma fierté que j'ai trouvé sa faille

Hey Mister Tambourine man please play songs for me
Je trip trop les gadins dans les nids de fourmis
Des zombies en sursis et leurs cœurs en charpies
Qui fouillent dans Verdun et y trouve des harpies

J'ai la phobie du vide aux mâts d'humanité
Je retire de mes veines mon vampire rassasié
J'ai des choses à fêter perdues dans la tourmente
D'ailleurs voilà ma Muse qui revient d'une tournante…

30/06/2016

25

Et pis c'est tout

Eveillé je dormais bercé par le doux chant
Des éléphants morts roses qui sous un palmier nu
Secouaient leur feuillage en se grattant gaiement
Tandis que le Soleil ce vieillard chevelu
Dépeignait ses rayons un à un sous le vent

Le jour rasé de près tanguait sous son faux col
Et se mirait imberbe dans la mousse de ma Bière
Quelques miettes de nous fumaient dans les alcools
Sur le clic-clac cassé d'un matin à l'envers
Où je dormais toujours de mes yeux grands ouverts

Reculant j'avançais à tâtons en babouches
Pour prendre un bon bol d'air au frais courant des heures
Je humais comme on pète à l'envers de ma bouche
Des échappées d'haleine à m'essouffler le cœur
Devant Toi j'exhalais des bulles de candeur

Était-ce la Toussaint ou bien la Chandeleur
Un pivert trépane le tronc de ma mémoire
Il martèle mon cerveau de son rostre perceur
Il veut que je reprise les mailles de mon cœur
Mais j'ai perdu coton aiguille et démêloir

Ouais j'étais devant Toi mais tu me précédais
Ton ombre dessinait millions de rêveries
Sur le papier dépeint sur fond de mes regrets
Tu glissais sur le cintre où pendent mes conneries
Tu sautais à pieds joints sur mes joies mes envies

Tu régnais vaillamment avec toute une armée
De joyeux compagnons jouant sur l'échiquier
Sur le cadran du Temps j'aime te revoir danser
J'aime écouter le chant des morts roses éléphants
Qui secouent leur feuillage en se grattant gaiement

Pour étancher ma soif dans ce monde de bâtard
J'ai vidé un tonneau pissé dans les rigoles
Et puis j'ai rigolé en cordes de guitare
En touches de piano en fleurs de tournesol
Un beau capharnaüm au parfum de bizarre

Mes poches vides sous les yeux je me frottais les cils
Pas un sou de bon sens à donner à mes vers
Pas le moindre rebond de rime au pied agile
Seulement ce doux mouton à la panse meurtrière
Qui s'endort sous mon lit dans les larmes de ma Bière

Voilà c'est une histoire à m'endormir debout
Comme celle que je survie quand mes nuits sont à bout
Quand ma Muse dévêtue a pris un coup de froid
Je la sors du placard et l'emmène avec moi
Avec Elle c'est facile d'aimer et pis c'est tout…

20/07/2016

Quand elle est là

Quand elle me monte au Ciel
Quand elle soigne mes douleurs
Quand elle coule sur ma bielle
Quand elle aliène mes peurs

Quand elle irrigue ma Terre
Quand elle colore mon noir
Quand elle m'est solidaire
Quand elle est mes espoirs

Quand elle me mal au crâne
Quand elle est mon essence
Quand elle me Doliprane
Quand elle mène ma danse

Quand elle s'endort sur moi
Quand elle salive mes fièvres
Quand elle s'inonde en moi
Quand elle épouse mes lèvres

Quand elle me Lannister
Quand elle m'usurpe la voie
Quand elle me Gallager
Quand elle me gueule de bois

Quand elle féconde mes nuits
Quand elle me met à nu
Quand elle pisse sur mon lit
Quand elle me montre son cul

Quand elle est mes matins
Quand elle caresse ma langue
Quand elle mouille sur mes mains
Quand sur mon cœur elle BANG

Quand elle aime mes délires
Quand elle hait mes Amours
Quand elle m'enivre ou pire
Quand elle m'est de secours

Quand elle là
Fraîcheur sur canicule
Quand elle est là
Qu'elle devance mon recul

Quand elle est là
Mousse qui me manipule
Quand elle est là
Ma Bière me décapsule…

17/02/2018

Un beau jour

Quand je vois le désir qui monte dans vos yeux
Et vos deux mains avides qui s'approchent de moi
Ne me laissant d'issue que de rester pantois
Sous vos assauts gourmands et vos gestes impérieux

Quand je vois votre hâte à me prendre debout
Et votre langue habile de moi se délectant
Que je sois dur ou mou cela dépend du Temps
Vous savez bien comment me rendre à votre goût

Quand je vois tout cela je ne peux résister
Vous m'usez me léchez sans jamais arrêter
Ce délicieux penchant souvent renouvelé
Qui bientôt vous fera vouloir me remplacer

Mais je sais qu'un beau jour jouira ma vengeance
Quand vous aurez goûté aux nombreux au-delàs
Qui me succéderont au fil de vos outrances
On n'abuse pas Madame d'un pot de Nutella…

15/05/2016

Le violeur de cervelles

Où règne le blabla tout n'est que soif d'ennui
Faut-il le rappeler ce pervers réuni
Chiens et chats loups brebis dans un même et seul nid
Il endort ses adeptes de jour comme de nuit

Quand il est éloquent à savoir d'enfumage
Il prend souvent les airs d'un poète à deux balles
Un miroir qui s'écoute un égo qui s'emballe
Et pour tout décollage un défaut d'allumage

Blablater met d'accord ses inconditionnels
Sur du rien à bâtir sur du vent à forger
On discute on avale en énormes gorgées
La beauté du blabla ce violeur de cervelles

Il assassine l'éthique quand il se dit humain
Quand il est politique il ment comme il respire
Masqué de sympathie son sourire nous inspire
Car on est hypocrite on lui serre la main…

27/09/2016

La guerre attendra son pinard

J'ai vu un homme pâle et aigri
Par des années à travailler
Un robinet des plus rouillé
A plus d'éclat que ce débris

J'en ai vu un qui somnolait
Sur la banquette d'un métro
Ô mes aïeux Ô Bamako
C'est vers là-bas qu'il s'en allait

Un autre à plier son canard
Qu'il a glissé dans son manteau
On ne lit pas d'horreurs si tôt
La guerre attendra son pinard

J'ai vu aussi Monsieur Leblanc
Monsieur Leblanc il a raison
Intelligent dans sa maison
Il a raison sur tous les plans

Monsieur Leblanc fabrique des bombes
Et des fusils et des canons
Qu'il vend comme on vend des bonbons
Aux gens joyeux qui creusent leurs tombes

Monsieur Leblanc construit nos lois
Il écrit même dans nos livres
Afin que ses enfants soient ivres
De capitaux et de foie gras

« Mangez ! Fumez ! Buvez ! Baisez !
Soldats, pompiers à moi rivés,
Le jour de gloire est arrivé !
Je suis Leblanc le plus friqué !

Je n'ai ni âme ni remords,
Je suis d'acier et vous de miel.
Quand votre sang huile mes bielles
Moi je ronronne à votre Mort.
Au nom du père et des trains cons
Du rat maudit et de la vigne,
Du dégueulis, du front, des lignes,
Santé ! à la guerre nous trinquons ! «

Puisqu'il faudra un jour qu'on meurt
A qui rendre notre âme à qui
Faut-il s'aimer de mal acquis
Pour accéder au vrai bonheur

Ô dieu des pluies ô dieu du blé
Du roi Soleil et des grenouilles
N'aimes-tu pas qui s'agenouillent
Et bavent en ton chœur rassemblés

Puisqu'il faudra un jour crever
Crédite-nous donc du fol espoir
De ne renaître en ton pissoir
Quand sonnera le jour dernier

Il naît des ventres de nos Mères
Comme un déluge à nos misères
Comme un fléau souillant nos terres
L'hémorragie des va-t'en guerre

J'ai vu un homme pâle et aigri
Par des années à travailler
Et l'Histoire qu'il bidouillée
A moins d'éclat que celui-ci
Un autre a ouvert son canard
Qu'il a mangé de vive voix
Les morts sont bons dit le bourgeois
Sifflant un grand verre de pinard…

02/02/2017

Rien changer

Quand nos fruits de saison ne sont qu'amers festins
Qui n'a jamais rogné ce qu'il peut du destin
Usurpé un peu d'or qu'on aurait laissé choir
Un bout de l'Infini dans ce grand purgatoire

Car dès l'once de la Vie terrible compte à rebours
On dérive vers l'oubli tel un fleuve au long cours
Nos peurs sous la peau nos organes dégueulasses
Et l'ironie du sort qui jamais ne se lasse

On écrit des Soleil et le feu des rayons
Et la Lumière qui pleure sous l'ombre du crayon
Les vaines réflexions quant à la damnation
Nous sommes des inconnus dans cette inéquation

D'avancées sous la pluie de victoires de défaites
Qu'importe les nations ou part qui elle est faite
La lutte à ses raisons et des drapeaux qu'on hisse
L'horreur et les tranchées dans la merde et ma pisse

Et l'Histoire se complaît à flatter son Ego
A donner de la voix à chacun des héros
Mais elle tait les flacons les milliers de tessons
De ces âmes brisées dans le bleu du cresson

Car l'Homme façonne l'espoir comme il fait des griefs
A toujours s'élever vers de plus beaux reliefs
Tirant sur le chaland de ses peines à haler
Il charrie ses erreurs plus loin sans rien changer…

01/07/2018

Les trains

Tant de rêves avortés et tant d'âmes amassées
Dans des caisses accrochées sillonnées de fumée
Un naufrage vers l'Horreur aux morbides rivages
Même dieu l'Usurpateur détourna son visage

Marginaux Juifs ou Roms ils étaient des milliers
Si ce n'était qu'un homme le voilà humilié
Dans les flots de la foi de leurs cruelles doctrines
Il ne laisse sur les voies que la peur et l'urine

Comment sentir gratter tout au bout du brouillard
La sombre vérité sous la poudre et les fards
Le pis et la vermine des monstres glapissants
Vomissant leurs idées coulées dans l'excrément

Leur solution finale est refoulement dégoût
Et quand ils vont au bal ils dansent avec leurs loups
En aveugles patriotes qui chantent avec entrain
« Qu'ils sont beaux quand ils trottent les jolis petits trains »

Prenons-bien garde à ceux qui cherchent l'expiation
Et aux discours mielleux des civilisations
Surtout ne sonnons rien ni l'oubli ni le glas
Souvenons-nous des trains elle s'appelait Sarah…

30/08/2016

Anas Al-Basha

(Le clown d'Alep)

Il avait dans ses poches des sourires et des mimes
Pour aux enfants d'Alep faire oublier la peur
Il enjambait les ruines les mines et les victimes
Offrant ces clowneries en bonbons de bonheur

Une belle perruque orange sous un chapeau fleurit
Il semait de l'espoir juste en battant des cils
Un œil vert l'autre jaune le bout du nez rougi
Il emplissait de joie les écoles de la ville

Dans ses mains des jouets dans son cœur de l'Amour
Mais sous la pluie des bombes Al-Basha s'est éteint
Une étoile sur la Terre est partie pour toujours

Depuis en pleurs sa femme et tous ces orphelins
Dans les gravats espèrent chaque nuit chaque jour
Le retour de leur Clown disparu un matin…

22/01/2017

Assis devant l'assiette

Assis devant l'assiette il disait une prière
Et dans sa main tremblante il tenait une cuillère
Ses yeux bleus larmoyants trahissaient sa douleur
Car lorsqu'elle est partie il a perdu son cœur

Il a passé sa Vie au milieu des prairies
La faucille à la main cet excellent mari
Sa femme à ses côtés il pouvait soulever
Des montagnes d'Amour pour sa douce bien-aimée

Assis devant l'assiette il disait une prière
Il restait là tout seul dans leur maison de pierre
Combien de temps encore à subir ce silence
Pour cet homme meurtri qui pleure son absence

Il n'a plus que l'envie de rejoindre sa mie
Sa belle qu'il chérissait plus fort de jours en jours
Sa moitié son Amour mais aussi son amie
Il attend patiemment qu'arrive enfin son tour

Il avait revêtu son plus joli costume
Le fusil dans la main le doigt sur la gâchette
La tête dans la soupe et le canon qui fume
Il disait une prière assis devant l'assiette…

03/09/2016

Attends-moi

Apparaît dans tes yeux perdu dans ces lisières
Un horizon lointain qui fuit vers l'Infini
Quand la Lumière renaît aux feux de tes prières
Regarde se mirer ton monde qui se fini

Ton départ Poète ranime ma tristesse
Je te vois maintenant arpenter les chemins
Les sentiers qui t'inspirent les moments de l'ivresse
Mais qui réveillent en nous la crainte des lendemains

J'entends se prélasser les mots de la luxure
Où les cœurs refroidis soupirent de frayeur
Entend le cri béant de l'écho qui perdure
Attends-moi là Poète au bord des rives en pleurs

Parle-moi du retour au pays de nulle part
Où chante la brise qui souffle sur la sève des feuilles
Des arbres majestueux de ton parcours épars
Qui font pousser les fleurs dans les mains qui les cueillent

Ton voyage est trop long sur le parcours du Temps
Sous les étoiles rieuses de nos égarements
Attends-moi sur le seuil de nos songes inquiétants
Où gémissent les vents d'un triste firmament

Quand l'Astre se posera sur la ligne d'horizon
Descendra en silence vers ton humilité
S'étendra sur un lit où l'attend ta raison
Je viendrai t'écouter avant de nous quitter

Attends-moi…

15/01/2017

Infini présent

Fragment de l'Univers dans sa pluralité
Je suis une chimère un reflet d'unité
Mais l'unité n'est rien à moins de n'être tout
Elle est parmi les pas le premier pas du Tout

Elle est la clé magique d'un secret ancestrale
Un chiffre énigmatique une aurore boréale
Le reflet d'un silence le ricochet d'un vide
Le dernier pas de danse d'une pâle Sylphide

Elle est comme un Phénix qui des cendres se révèle
Qui régénère son Styx et meurt quand il se grêle
Elle est la feuille morte errant dans la pénombre
D'une porte sans porte enclavée dans son ombre

Cette absolue chimère cet Infini présent
Qui renaît des hivers dans les bras des printemps
Est la clé de la source aux confins de la Vie
Qui entre dans la course au clos des uns finis…

27/06/2018

Le Temps a fui

Ô Lune dévoreuse de la nuit
Sous tes yeux d'or le Temps a fui
Garde le vent tisse la peine
Et peigne tes beaux cheveux de laine

Couvre câline en calicot
L'accablement d'un jour déchu
Qui du Soleil cherche cerceau
Pour couronner son front chenu

Sous ton sein les rossignolets
Jadis sifflaient de gais couplets
Les douces aiguilles de tes longs cils
Ont couturé leurs doux babils

Je n'ai plus de corde à mon arc
Je n'ai plus de fard sur les jours
Demain j'irai voir au grand Parc
Si le silence tourne Ta roue

Flâne en sa pauvre bergerie
Mon cœur moutonné d'insomnies
Ô Lune dévoreuse de la nuit
Sous tes yeux d'or le Temps a fui

Vole et survole coiffe de paille
Par-delà le clos refleuri
Passe le Temps file la maille
Passe l'été le Temps a fui

Sur les ailes du merle moqueur
Volent les chapeaux volent les rubans
Emportent les fruits de ta candeur
Adieu mon doux jardin d'antan

Te souviens-tu ma tendre Amie
Un peu avant nos épousailles
De ces beaux oiseaux de broussaille
Qui tout comme Nous faisaient leur nid

Hélas j'ai laissé sous les branches
Ma quenouille et mon long fuseau
Mes yeux humides et mes mains blanches
Qui fil à fil tissaient ta peau

Souvenirs jamais ne se lassent
Mais nouent pelotes de chagrin
Tourne rouet les heures trépassent
Les sanglots s'égouttent grain à grain

Quand l'aurore en cheveux de lin
De l'Astre chassera la pluie
D'autres aimantes viendront enfin
Roulotter le fil de ma Vie

Flâne en sa pauvre bergerie
Mon cœur moutonne d'insomnies
Ô Lune dévoreuse de la nuit
Sous tes yeux d'or le Temps a fui…

28/05/2016

Un bref instant

Et l'émotion se noie
Le Temps d'un souvenir
Et le cœur en émoi
Délivre ses soupirs

Nos corps s'épanouissent
D'un aveu lumineux
Que nos baisers fleurissent
En pétales de Nous deux

Nos cœurs s'agonisent
Jusqu'à toucher les Cieux
Nos ailes qui se brisent
D'un effroyable adieu

Toutes nos joies qui renaissent
Se fanent et qui se meurent
Le temps d'une caresse
Qu'un bref instant effleure…

27/08/2016

Ce baiser

La honte et le mépris et nos incertitudes
Fomentent nos sombres Vies d'une bien triste mollesse
Nous rongeons au-dessous nos pertes d'altitudes
Le peu qu'on a saisi en tirant sur nos laisses

Occupés à franchir les vides qui nous séparent
Nous oublions nos pas à travers les vestiges
Sur les rimes échouées l'engouement du départ
Et ces hauts dans nos cœurs à donner le vertige

Nous réglons nos giclées sans élan sue la Butte
De nos plumes transies ou sombrant vers Pigalle
De nos superstitions naît le Temps de la lutte
On entend des chats noirs on y voit des cigales

Qu'importe le néant la béante trouée
La monnaie du mendiant dans les trous de ses poches
Nos yeux sont aguets des fastes retrouvés
L'alchimie azurée quand nos lèvres se rapprochent

Le rythme saccadé de nos respirations
Bat l'envie et le pouls de nos inspirations
Le goût de nos galops que l'horizon avale
Quand l'émoi en nos bouches se cabre tel un cheval

Dans notre poésie dans le feu de nos forges
Dans nos regards magiques loin des nœuds dans nos gorges
Ce rien qui devient Tout par ce baiser qu'on ose
Nous porte au firmament dans son apothéose…

16/06/2018

En tes eaux

Je veux poser mes mots comme une lettre à France
Quand se larment mes flots dans l'onde de ton absence
Je veux oser la lame en si sombre tarot
Je suis Clyde dans l'âme avec ou sans Barrow

De ma plume lestée en portée sous mes ailes
Sur mes moutons hantés Petit Prince je me zèle
A décocher les flèches de tous mes arcs au Ciel
En ton cœur je brèche lentement les attelles

Nous parcourons les Landes de braquage en braquage
Jouissons de légendes aux sensuels adages
Et partout dans les Cieux si cruels et si fiers
Nous visons dans les yeux puisqu'ils nous jettent la pierre

Nous étoilons l'azur nous tissons les pétales
La rose est notre armure à l'épreuve des balles
Ma Bonnie en tes eaux mes bateaux sont de joie
Tes baisers sur ma peau sont des Parker de soie…

16/10/2016

44

Allégeance

Dans de profondes outrances tes voluptés agiles
Charnelles en tes reliefs qui fleurent bon le jasmin
Transcendent cette danse d'un halo si gracile
Qu'il veut tenir grief à l'ardeur de mes mains

Dans une assise sûre en hardie cavalière
Au rythme de tes hanches Venus du tango
Tu escalades mon mur comme s'insinue le lierre
Tout le temps d'une Bière qu'on boirait en duo

Quand parfois tu me lâches pour des Mers étrangères
Dans d'écumeux remous comme laissés par la barge
Là j'aperçois l'attache d'une jolie jarretière
Et c'est nue en dessous que tu reviens du large

Tu es de ces chimères comme la meilleure des drogues
Le costume de Lumière dans mon désir qui vogue
Pareil à l'arc en ciel aux multiples nuances
De mon monde parallèle je te prête allégeance…

02/07/2018

45

Quelques bouts de ton Ciel

J'ai rêvé d'un feuillet dénué de toute prose
Pour en faire un poème en bouquet de pensées
Que mes mots t'offriraient dans leur apothéose
Sous ma plume enivrée afin de t'encenser

Car je lis tes poèmes comme on entend la Mer
Je m'égare en songeur dans tes vagues superbes
Et je t'admire voguer sur les rives de l'amer
C'est toujours plein de charme que me bercent tes verbes

Qu'il est simple d'aimer la douceur de tes vers
Tu as l'Art de conter tout ce qui te dessine
Ce bleu de rêverie qui fait ton Univers
Cet ailé naturel qui te rend cristalline

J'ai rêvé qu'un oiseau admirant tes paroles
Vers moi revienne sans fin tel un Ami fidèle
En écho à tes mots dans une farandole
Pour me confier encore quelques bouts de ton Ciel…

15/05/2016

Ton sourire

Tel un chat ronronnant ton sourire qui s'étire
Et qui va rebondir sur l'oreiller des heures
Réveille avec des fleurs mes morceaux de bonheur

Et il sert dans ses bras le berceau de mes songes
Dans un blanc éclatant sur ma tempe il prolonge
Le long frémissement du folâtre désir

Il enrobe de liesse le troublant de mes nuits
Désagrafe sans un bruit le soutif de mon cœur
Il fait rosir de joie la toile de ma Vie

Quand sa barque rejoint la rive de mes lèvres
Il allume mes yeux de millions de Soleils
Et rayonne sans fin sur ta bouche vermeille

Il fait de chaque jour une tendre sucrerie
Sur ma langue fondante s'égouttant dans mon cou
De mon Amour il est le malicieux orfèvre

Ton sourire a laissé ton empreinte sur ma joue
De toute sa chaleur mon âme s'épanouit
Il rebondit sans fin sur l'oreiller des heures

Rien ne peut l'effacer et je l'emporterai
Pae de-là les embruns et les vents de l'après
Bien plus haut que la Dune et les sables d'avant
Qui n'effacent ni l'empreinte ni l'ombre des amants

Plus loin que les déserts où se froissent parfois
Les Amours des esprits qui ont perdu leur voix
Par de-là l'Océan aux célestes marées
Voire même plus loin encore sans jamais me lasser…

28/06/2018

Sache-le

Las d'amasser des preuves dans de mûres réflexions
Quand l'automne redescend sur mon spleen de feuilles
Las d'endurer l'épreuve en de rudes afflictions
L'au-delà a ses sangs qui déclinent sur mes deuils

Au vent des dévotions les mots sont séducteurs

Insidieux les atours d'un maître Baudelaire
« Qui donc devant l'Amour ose parler d'Enfer »

*« Maudit soit à jamais le rêveur inutile
Qui voulut le premier dans sa stupidité
S'éprenant d'un problème insoluble et stérile
Aux choses de l'Amour mêler l'honnêteté »*

Au ban des émotions les mots sont réducteurs

Alors que de grains sombres un autre Poète sème
« Il y a des ombres dans je t'aime »

*« Tu dis l'Amour a son langage
Et moi les mots ne servent à rien
S'il te faut des phrases en otages
Comme un sceau sur un parchemin »*

Point de bribes jetées quand notre âme est faïence
Je peux me délecter d'assourdissants silences
L'amer de la rime me bulle d'incertitudes
L'Océan des abîmes me houle d'altitude

*« Et je t'endormirai dans un rêve sans fin
Sache-le »* …

01/09/2016

Dans l'ambre

Dans le creux de ma main aux lignes sans destin
La perle du bonheur fait un roulé-boulé
Ce joyau méconnu venu en clandestin
Charme de son éclat mon cœur déboussolé

Son luxe naturel sur le marché de l'or
Serait très convoité par des adulateurs
Qui feraient capital de ce rare trésor
Rêvez spéculateurs l'argent n'a pas d'honneur

Ce calice infini est mon dernier va-tout
Je le joue au loto des plus grands sentiments
Je parie sur ce cœur qui rayonne d'atouts
Pour qu'il me soit promis des jours d'embrasement

La perle du bonheur fait un roulé-boulé
Caressant sans ego mon futur attendri
Les larmes du plaisir dans un touché-coulé
Ont trouvé le chemin qui mène au Paradis

Ce gris-gris facetté comme un porte-bonheur
Se glisse dans mon esprit parfois trop inventif
Et dans l'ambre de mes mots dont il est l'amuseur
Il ranime mes espoirs même les plus corrosifs…

28/05/2016

Grand retour

J'attends ton grand retour
Sur la nappe brodée
D'or pour Toi bel Amour
Une orange pressée
Sur la nappe brodée
Fil de lin rouge et blanc
Une orange pressée
Chère au jus abondant
Fil de lin rouge et blanc
Par un matin d'été
Chère au jus abondant
Pulpe juteuse sucrée
Par un matin d'été
Déjeuner au jardin
Pulpe juteuse sucrée
Doux parfum sans pépins
Déjeuner au jardin
L'abeille se fait la belle
Doux parfum sans pépins
Zeste et écorce je pèle
L'abeille se fait la belle
Butine l'églantier
Zeste et écorce je pèle
Ô agrume écorché
Butine l'églantier
Berce au vent ses boutons
Ô agrume écorché
Fruit pressé nous buvons
Berce au vent ses boutons
D'or pour Toi bel Amour
Fruit pressé nous buvons
J'attends ton grand retour…

24/05/2016

Il reviendra

En silence tous les jours
Le marchand de bonheur
Sème des graines d'Amour
Sur le chemin des cœurs

Il s'invite dans nos Vies
Sur la pointe des pieds
Il parfume nos ennuis
De bouquets de gaieté

Le marchand de bonheur
Cette nuit est passé
Conjuguer dans mon cœur
Le tendre du verbe aimer

Puis il s'en est allé
Comme il était venu
Dans un souffle isolé
Et l'Amour s'est perdu

Un jour il reviendra
Le marchand de bonheur
L'Amour refleurira
Fécondera mon cœur…

15/09/2016

Peut-être demain

Quand on n'a plus d'Amour
A offrir en partage
On s'accroche tous les jours
On souffle sur les nuages

Car on rêve toujours
Et quel que soit notre âge
Que peut-être quelqu'un
Nous prendra par la main

Quand on n'a plus d'Amour
A offrir en partage
Que notre cœur est lourd
Vide de tous les voyages

Quand seuls les souvenirs
S'accrochent à nos bagages
La mémoire se souvient
Qu'ils ne peuvent revenir

Quand on attend en vain
Le retour des je t'aime
Quand il ne reste plus rien
Que l'ombre de nous-même

Quand on n'a plus d'Amour
On espère quand même
On s'accroche à l'espoir
Que peut-être demain…

08/08/2016

Fusion

Nous sommes solitaires nous aimons la Vie dure
Ignorant que la paire est notre clair-obscur
La fusion de l'Amour est une combustion
Entre un feu et un four avant son explosion

C'est la consécration d'un impossible rêve
Une douce illusion trop belle mais souvent brève
Quand l'Amour en chemin à croisé tes paupières
Mon âme à joint les mains en sirotant une Bière

Le reflet de mes yeux dans les tiens à surpris
Mon regard amoureux dans les draps de ton lit
Et ma main dans ta main s'est posée sur ton cœur
Qui vibrait au matin dans les bras du bonheur

Je l'ai serrée si fort qu'elle en étreint ma flamme
En noyant ton trésor dans l'éclat de mon âme
Cherchant une oasis pour étancher ta soif
Mirages ou artifices d'étranges chorégraphes

Nos jambes entrelacées ont peuplé nos déserts
Et nos doigts ont dansé sur des dunes de chair
Les cailloux se sont tu le sable s'est couché
La Mer s'est dévêtue le Soleil s'est brûlé

L'Amour naît en trois actes d'une étrange fusion
Ouais dans un premier temps tout n'est que confusion
Ensuite dans un deuxième arrivent les effusions
Le troisième est enfin celui de l'infusion…

08/08/2018

Ton mirage

Une vague déferlante jaillit en mes pensées
En des rouleaux de mots aux lames enlacées
Et mon âme voyage aux Mers bleues des regards
Qui percent l'Océan où se noient les brouillards

Ton parfum enivrant a réveillé ma flamme
Que la nuit éteignait en soufflant sur mon âme
Il élève le désir comme le Soleil l'espoir
Ton souvenir envoûte mes rêves tous les soirs

Tes rayons ont pâli en des sillons d'ennui
Qui comblera le vide au chant de ton absence
Voltige tourbillon au vent de ma souffrance
Pourrons-nous nous rejoindre aux rives de l'Infini

Un flot de nuages sombres a tracé son chemin
Sa marche s'éloigne de moi sous une pluie d'écume
Ton image a sombré en des larmes de brume
Ombre sur mon récif ton mirage m'étreint…

12/11/2016

Comme le feu

Juste un regard croisé
Là tout au fond du trou
Talons ensanglantés
Mais pas encore à bout

Et ce regard croisé
Mélange d'hiver et feu
Du fond ensanglanté
M'accroche à ses beaux yeux

Juste un regard croisé
Là tout au fond du flou
Les genoux écorchés
Mais pas encore au bout

Et ce regard croisé
Mélange violet et bleu
Du fond m'a demandé
« Accroche-moi à tes yeux »

Merci regard croisé
Mais je suis comme le feu
Je ne peux m'accrocher
Qu'en brûlant les beaux yeux…

23/03/2016

Orphelin

Orphelin de la foi comme personne ne peut l'être
Je ne crois plus en rien même pas peur dans le noir
Sauf des rêves récurrents qui réveillent mon mal-être
Et refusent qu'à l'aurore renaisse le mot espoir

Les Amours en promesses qui ne se tiennent pas
L'esprit veut recevoir et donner à la fois
Mais à peine attaché aimer se lasse déjà
Comme le cœur qui s'écoule dans ses larmes qui le noie

Mon âme est devenue texture rude au toucher
Sa couleur est d'écorce pour cacher ses douleurs
Frustrée jusqu'au profond d'une tendresse à donner
Elle dort dans les tréfonds de mon triste malheur

Je regarde le Ciel n'y voit pas d'horizon
Le plafond est si bas et les barreaux serrés
Adossé contre un mur de ma morne prison
Orphelin pour toujours du verbe libérer…

23/05/2016

Les pages

J'ai tourné trop de pages
Pour quelqu'un de mon âge
Les unes inachevées
D'autres à peine entamées

Certaines sont raturées
Pleines d'anciennes certitudes
Que j'ai dû corriger
Tout comme mes attitudes

Des pages sont restées pures
Vierges de tous souvenirs
Subtiles traces de ruptures
Entre vivre et subir

Plusieurs sont ébauchées
Stoppées en suspension
Par l'étrange soudaineté
D'une profonde déception

Les dernières sont tâchées
Par des larmes ou du sang
Ou les deux mélangés
Tout dépend du moment…

23/09/2001

En écho

Ma voiture est en panne et je n'ai pas un sou
Comment vais-je m'en aller je voulais voyager
Ne me reste que les rêves et l'espoir en dessous
Mais j'ai perdu les règles pour jouer à songer

Mes jambes me fatiguent je ne tiens plus debout
Quand je marche sur les mains me poursuit le passé
J'attrape des cerfs-volants ils me traînent à genoux
La Bière coule sur mes pieds et m'empêche d'avancer

Alors j'écris des vers qui chaque fois me déchirent
L'espérance est bien morte mais y croire me fait vivre
En relevant la tête je veux croire dans mes ires
Que l'Amour naît pas loin celui-là qui rend ivre

Ainsi j'écris demain dans tes bras incertains
Aromatisé d'or je cuisine la tendresse
D'une pincée de piquant qui sucre nos matins
D'une once de rires de miel acides en maladresse

Et mon cœur barbelé qui attendri mes chaînes
N'existe que sur la feuille que ma plume imagine
Sur tout ce qui sera elle versera mes peines
Et crachera toujours en écho mes chagrins…

21/05/2016

58

Comme ça fait mal

Comme ça fait mal d'ouvrir son cœur
Et de voir qu'il n'en sort plus rien
Silencieuse et profonde douleur
Qui ne supporte aucun aveu

Comme ça fait mal d'ouvrir ses yeux
Pour ne voir que le vide autour
Larmes inutiles fumées sans feu
Tout ça pour un peu d'Amour

Comme ça fait mal d'ouvrir sa bouche
Pour ne voir qu'il n'en sort plus rien
Tous les mots sont couverts d'une couche
De glace épaisse que rien ne vainc

Comme ça fait mal d'ouvrir ses bras
Sans que personne vienne s'y blottir
Ça fait bien plus mal qu'on le croit
Ça donne parfois envie de mourir

Comme ça fait mal d'ouvrir ce livre
Qui n'est rien d'autre que la mémoire
Et voir que rien n'a pu survivre
Disparaître ses derniers espoirs

Mais malgré mon cœur et mes yeux
Malgré mes bras et ma bouche close
La suite de ce livre douloureux
Je la promets teintée de rose...

17/06/2000

59

Le bourreau des couleurs

J'ai perdu mes couleurs où se sont-elles enfuies
Mes minutes sont si ternes où est passée ma Vie
Je reste tel une image qui se fige dans le Temps
Comme un vieux personnage de BD qui attend

Qui attend que l'auteur veuille bien écrire la suite
Quelques bonnes nouvelles ou une rencontre fortuite
Une issue chaleureuse à mon histoire glacée
Mais surtout qu'il oublie ses idées déjantées

Déjanté de mon corps il gère à mon insu
Mes chemins escarpés mes falaises d'inconnu
Mes virages trop serrés aux vitesses qui s'affolent
Mon cœur ne tiendra pas il veut que je m'envole

Je m'envole je le sens cet auteur m'en veut-il
J'essaie d'apercevoir les pages qui vont suivre
Je panique je délire je ne vois plus sa plume
Et je sens que mon âme peu à peu se consume

Se consument mes pastels et me parent de noir
Et l'encre de ma Vie m'habille de désespoir
L'avenir est un leurre dans les tons monochrome
Je rêve d'un arc en ciel aux multiples arômes

Arômes multicolores j'ai tellement besoin d'eux
Univers qui rassure mes repères merveilleux
Comment puis-je faire comprendre à ce bourreau d'auteur
Que tous ses écrits noirs seraient mieux en couleur…

01/09/2016

Monde Intérieur

Quand j'étais un enfant avec mes yeux curieux
Je regardais le Ciel les arbres et puis les fleurs
La Vie me paraissait être un terrain de jeu
Des nuages j'inventais des visages rieurs

Un rien faisait ma joie j'étais heureux sur Terre
La douceur d'une musique d'un air ou d'un refrain
Le Soleil au jardin l'Amie aux beaux yeux verts
Mes rires résonnaient de bonheur chaque matin

Le Temps sans précaution a terni cet Eden
L'innocence s'est enfuie sans que je n'y prenne garde
Sont venus me bercer la peur les doutes les peines
Ecrasant l'insouciance sous sa plainte criarde

Tout est trop compliqué quand il faut être grand
Il faut durcir son cœur si l'on veut rester soi
Ce n'est plus qualité de n'être qu'innocent
La puissance des venins s'invite dans nos lois

Je redeviens enfant et je ferme les yeux
Je retrouve un instant cette douce sérénité
Dans ce Monde Intérieur le Soleil est radieux
J'aurais tellement aimé ne jamais le quitter…

05/01/2017

Cheval fou

Il est un cheval fou qui court en ma mémoire
Livrant un vide immense en détranges grimoires
Et son galop résonne en des chants nostalgiques
Étouffé par des notes muettes et ironiques

Un silence oppressant trouble en secret mon âme
N'est-il qu'un pâle écho son reflet me désarme
Chercherais-je sa trace aux nappes des brouillards
Hélant dans mon tunnel un songe aux yeux hagards

Il élève ma tristesse aux gouffres des matins
Viendra-t-il me guider vers un nouveau destin
Atteindrais-je son pas qui vibre en mon émoi
Son empreinte s'estompe en des sillons de voix

Qui pourra éveiller ce lointain souvenir
Un tourbillon m'étreint en rafales de soupirs
Créerais-je ton image aux pluies de mes souffrances
Où se masque ma Vie aux horizons d'errance

Et réveillant ma flamme allumant mes bonheurs
Terrassant le vertige où s'abiment mes peurs
Le Temps ce cheval fou emporte ma mémoire
Aux chemins retrouvés qui raniment mes espoirs…

19/08/2018

Bulles

Je suis la bulle au vent
Voltigeant et légère
Qui enferme dans sa sphère
Les couleurs du printemps

Je suis née de ta bouche
Au zéphyr enfantin
Je m'éveille et enfourche
Les ailes de mon destin

Je tourbillonne et danse
Portée par les courants
Dans l'air qui en cadence
M'élève en m'effleurant

Je m'enivre de l'espace
Aux secondes éternelles
Et je vois tes prunelles
Éblouies de ma grâce

Vais-je tutoyer le Ciel
Et par-dessus les toits
Frôler rien que pour toi
Les nuées en dentelle

Bien loin de ton visage
Souriant sous ta frange
Atteindre les nuages
Aux volutes étranges

Mais déjà l'air lassé
De ma ronde lumière
Me rejette sur la Terre
Comme du verre concassé

Et toi tu applaudis
L'étincelle de savon
Qui explose sans bruit
Et dans le sol se fond

Déjà tout recommence
Ta bouche s'arrondit
Et de son impatience
Je renais plus jolie

Et puis dix et puis cent
Qui m'accompagnent aussi
Oui nous sommes tous ainsi
Des petites bulles de Temps

Rêveur d'éternité
Ou rimeurs décadents
Le moindre assaut de vent
Peut nous faire éclater…

14/09/2016

L'improbable source

Il faut savoir laisser sur le bord du chemin
Ce qui semble trop lourd à porter chaque jour
Larguer les sentiments qui sont sans lendemain
Et les rêves utopiques qui n'apportent nul secours

Il faut savoir extraire de son cœur délabré
Les épines empalées en cicatrices fécondes
Et les ombres d'un passé qu'on devrait oublier
Les espoirs insensés d'une Vie moribonde

Il faut savoir aimer ce que l'Amour nous offre
Sans attendre en retour ce qui allait de soi
Et qui n'est pas venu enfermé dans un coffre
Dont la clé s'est pendue un soir au fond d'un bois

Il faut savoir qu'un jour au milieu de la course
Chaotique éprouvante critique et étouffante
Jaillira bien cachée d'une improbable source
La Lumière espérée à jamais triomphante…

17/06/2016

Un brin d'Elle

Dans son regard perdu
J'ai trouvé un brin d'Elle
Un éclat d'étincelle
Une plaisante inconnue

Dans ses mains hésitantes
J'ai touché la mémoire
Des idées déferlantes
Et des brassées d'espoir

Dans ses pas qui la traînent
J'ai cueilli ses tendresses
Ses lambeaux de rengaine
Ses rires feux de détresse

Dans ses mots qui l'égarent
J'ai écouté sa Terre
Ses chemins de hasard
Ses pensées à l'envers

Dans sa Vie qui se meurt
J'ai vu ses précipices
Ses rochers de douleur
Ses immenses cicatrices

Dans son regard perdu
J'ai trouvé un brin d'Elle
Un éclat d'étincelle
Et Toi belle inconnue…

20/01/2017

Que je fusse…

Que j'aimerais Madame en votre voie lactée
Étinceler d'étoiles clinquantes et nébuleuses
Là déployer mes voiles faire fi de l'onde houleuse
Et sillonner vos gammes en profonde harmonie
Oui je serais Madame en votre voie nacrée
La perle sublime perle à votre cou ma Belle
Je veux tisser la trame de votre tout sacré
Je ne suis pas peu fier de tutoyer Babel
Je vous promets Madame sur la voie à l'orée
D'attiser dans ma flamme les poèmes adorés
Et puis vous rassurer au plus fort de l'averse
Je sais en volupté les chemins de traverse
Aux confins de ma foi en majesté vos Dunes
M'octroient nul autre choix que décrocher vos Lunes
Vous êtes en ces arènes le seul grain de Soleil
J'ajoute ce Vous ma Reine aux sept autres merveilles
J'apprécie qu'en mes proses se recueille l'ondée
Dont vous gonflez les flots par vos larmes de plume
Qui font des ronds dans l'eau puis vous contez l'écume
En des éclats de rose tout de vers inondés
Et vous voilà Vinci mettant le Graal en Cène
Or de coups bien précis souvent la Vie assène
Prenez garde ma Chère vous frôlez la démence
À trop pisser la Bière on ne sait la semence
En hardi flibustier vous bravez l'horizon
Tout en tenant la barre vous touchez le génie
Vous approchez Mozart en si belle harmonie
Malgré qu'elle soit dorée la cage est une prison
Avec votre magie vous enchantez la flûte
Vous ôtez le trépas à la saison que j'eusse
Vous usez de manies chevalier que vous fûtes
Mais n'auriez-vous donc pas préféré que je fusse…

16/09/2016

67

Dispersion

Aux rives disloquées de vers qu'on déchiquette
L'émotion a touché un écueil de sanglots
Les illusions perdues ont fait un rêve de beau
Le poète inspiré a repris sa machette

Pareil à des galets venus de l'Océan
Ses mots ont tournoyé jetant des flots d'images
Des sillons de nuées sur les lignes des pages
Que le vent a inscrit dans les espaces du Temps

Il a trempé sa plume dans une flaque d'instant
Et recueilli les encres d'un passé sans rivages
Sa Muse s'est noyée aux larmes des visages
Dans l'ultime tempête d'un avenir néant

Ne restera de lui que des empreintes rouillées
Qui égarées s'échouent sur des âmes arides
Son moi éparpillé aura griffé les vides
De son Monde gribouillé de silences glacés

Sur les rides déchirées de rimes aux oubliettes
Ses mots ont fait naufrage aux bancs des Solitudes
L'existence a perdu toutes ses certitudes
Le poète dispersé a gommé ses sornettes…

17/01/2017

Dans ma nuit qui pâlit

Les mousses m'ont recouvert de l'eau de ta tendresse
J'ai bu à la fontaine où coulent tes caresses
Et je me suis noyé aux vagues de ta chaleur
Séchant mes larmes rougies par tes flots de bonheur

Ton souffle sur mon âme est chant de poésie
Qui balaye ma tristesse en des notes de Vie
J'entends vibrer leurs voix qui bercent mon espoir
Mais pourront-elles franchir vastes murs du soir

À l'horizon s'étend le vent de tes murmures
Qui perce mon miroir au cœur de mes blessures
Pourra-t-il allumer l'étincelle de mes jours
Embraser le silence étincelant d'Amour

Je devine ton empreinte aux braises endormies
Où s'estompe la flamme en mon âme bleuie
Et je me brûle serein aux feux de tes désirs
Alors s'éteignent mes cris dans un dernier soupir

Dans les ombres du Ciel s'éclaire ton image
Qui peint mon cœur joyeux sur les ailes d'un nuage
Se suspend ta lueur quand l'aube s'évanouit
Dans ma nuit qui pâlit ton sourire m'éblouit…

05/07/2018

Ta glace

Qui es-tu inconnue là debout devant moi
Visiteuse impromptue qui me laisse sans voix
Chimérique vision glissant sur mon néant
Posant de noirs alcyons sur mon triste Océan

Comme une blessure mortelle tu extermines mes gestes
Tel un choc déchirant vient sillonner les restes
Sur la peau lacérée par les griffes acérées
De mon acide contrée qui m'oblige à errer

J'ai Muse et je m'amuse te voyant sur ma berge
Ramper les froides nuits et espérant l'auberge
Comptant comme une trainée flouer le tavernier
Je rie à la venue de ton jugement dernier

Quand bien souvent honteuse tu manques tes comètes
Et tes perles d'Eden par l'illusion nacrées
Je suis cet indigo ce rouge à tes pommettes
Et la désillusion pour tes choses sacrées

À chaque traversée de cap vers l'ivresse
N'ayant de satiété je mise à chaque fois
Aux dés sur tes bateaux qui croisent vers l'allégresse
Je suis dans la tempête lorsque craque leur bois

Du moindre rêve humide tu façonnes un glacier
Mais le Soleil est là pour fondre cet acier
Et sur l'immaculé j'imprimerai la crasse
De ce moi face à Toi mon reflet dans ta glace…

17/08/2016

70

Mon acide

Il n'est plus à mes yeux le joli bois dormant
Cet aparté moelleux ce creux de rêveries
Où je cueillais jadis les bouts de Toi formant
L'Infini vaporeux d'où monte l'égérie

Il n'y a devant moi qu'une insondable voie
À présent que ma Vie est un fond de tiroir
Où l'air s'est rarifié à trop jouer sans foi
Sous l'âpre gravité de tes regards hachoirs

Ma goutte s'est perdue coincée entre deux eaux
Et je voue à genoux l'immensité de flots
Ressassant tes lueurs en étoiles contraires
Par mille et une nuits en contes d'apothicaires

Ma tragédie se joue sur des portées lunaires
Voulant cacher l'obscur et toucher la Lumière
Un noir chuchoté et dans le vent ton jais
Calomnie l'azimut s'étend sur le sujet

Mes voix vont à la file se maquiller de beau
Sur la ligne prêcher hameçonner les mots
Mon acide distillé en amer condiment
Est un flux de magie qui agit patiemment…

30/06/2016

Un souffle

C'est un mot qui galope qui court à grande vitesse
S'accrochant en tous lieux sur les pierres et le vent
Un mot comme un boomerang qui nous revient sans cesse
Trop souvent déformé par l'érosion Temps

On a fait de ce mot quelques phrases censées
Que chacun se renvoient au gré de ses idées
Des phrases bien carrées mais qui prennent en chemin
Un accent détourné une odeur de venin

Un souffle qui au départ est doux comme un baiser
Mais qui renaît bientôt aussi froid que l'acier
Un souffle qui se transforme et devient hurlement
La Rumeur est ainsi rénovée par les gens…

20/11/2016

Le sourire des chimères

Un masque tout de verre
Toujours assez opaque
On voit rien à travers
Ni les coups ni les marques

Un masque qui inspire
Que ce qu'on en attend
De la joie un sourire
Rien de triste d'inquiétant

Un masque pour paraître
Que rien d'autre n'apparaisse
Avant de disparaître
Que personne ne se blesse

Un masque pour masquer
Nul ne peut démasquer
Nul ne le veut non plus
Les apparences ont plu

Le sourire des chimères
Aux faciès éternels
Est un masque de fer
Caché sous les dentelles...

06/01/2002

Rêve clandestin

Et je brasse tout mon sang à ressasser les flots
Dans les secrets d'un feu que la passion dévoile
Quand l'insomnie s'éprend dans mes nuits sans galop
Tourne vers moi tes yeux de noisettes et d'étoiles

Ces au-delàs qui roulent ces bouts de Toi glissant
Comme les vagues qui roulent bercées par l'Océan
Et je laisse tes hasards submerger mon destin
Pour un de tes regards je peux mourir demain

Ce beau puisé du Ciel qui alanguit le trait
Ce haut fait essentiel où se languit l'attrait
Des fièvres et des luxures qui vont percer les moelles
Des plaisirs moins obscurs et des battements d'ailes

Vers l'ombre du remord qui nous fait hésiter
Tâtonner vers le for de notre éternité
La Lune se fait Soleil sur tes prunelles enfin
Je m'endors sans réveil dans un rêve clandestin…

19/08/2016

Regard muet

J'aime réfléchir le soir aux années traversées
Quand de longs filets noirs s'accrochent à mes bouées
Les silences éveillés repeignent le rivage
Et mon âme ombragée s'invente des voyages

Le flux des souvenirs lentement se naufrage
Avant d'aller mourir sur ma mémoire en cage
Dans le pli des pensées dansent les filaments
Des rêves chuchotés dans ce jour trépassant

La silhouette d'un phare projette sur l'horizon
Une image qui s'égare au milieu des buissons
Le sentier disparaît au loin la houle gronde
Au-dessus des marais que le mystère inonde

Le Soleil s'est perdu éteignant les pardons
Au creux de mon cœur nu s'animent les frissons
D'une joie capturée au souffle des fusions
Dans un regard muet en reflet de passions…

19/01/2017

Sur le lac

Par dizaines sur le lac s'estompaient les couleurs
Et tout ce flou naissant s'exhumait en candeur
Je chevauchais ses flots que les ombres rudoient
Le jour diminuait et me pointait du doigt

L'ample de cette main froissait poussait chassait
L'agonisant Soleil sur l'onde qui saignait
Et quand l'Astre déchu tira sa révérence
Émergea de sa mue mon âpre indifférence

Toute mon âme a fondu en ce moment propice
Dans des vapeurs d'alcools dont j'aime respirer
La fusion des métaux la lie dans le calice
Celles qu'on boit au goulot lors de grands jubilés

De partout au lointain s'aggravaient les visions
Du sang noir sur les croix à celui des sillons
Des feux sous les bûchers brûlant les effusions
Jetant bien des opprobres et Verlaine en prison

Je rame en aparté mes fougues marginales
M'attirant le mépris m'évitant au final
De fausses illusions sur Toi et puis ma chute
Vers des gouffres où domine la rude vertu des brutes…

05/09/2016

Otages de la Vie

Otages de la Vie
S'embrouillent tous les mots
Dans des cendres de cris
Aux vides des tombeaux

La parole s'enlise
Dans des marais pourris
Le corps se paralyse
Face aux murs de mépris

La douleur rit de nuits
Des blessures de l'absence
Des quotidiens flétris
Aux airs d'indifférence

Et l'existence pleure
Aux creux de ses sillons
Labourée par l'horreur
Des barreaux de prison

La Vie vole en éclats
Griffant les horizons
Trop lointains et trop las
Qui meurent en dérision…

19/01/2017

L'Hiver vint

Et les Corbeaux voilaient le Ciel
À en faire fuir les Hirondelles
Et les Corbeaux violaient le Ciel
Elles sont parties les Hirondelles

Et le Printemps comme l'Hirondelle
Fui les Corbeaux qui voilent le Ciel
Et le Printemps sans Hirondelles
Sait que l'Hiver vient par le Ciel

Et l'Hiver vint voilant le Ciel
À en faire fuir les Hirondelles
Et l'Hiver vint violant le Ciel
Elles sont parties les Hirondelles

Et le Printemps sans Hirondelles
Sait que l'Hiver tue par le Ciel
Et le Printemps comme l'Hirondelle
Meurt de l'Hiver qui voile le Ciel…

19/03/2016

En te remerciant

Ô Mort toi que je sais piaffante d'impatience
Malaise enfiévré qui me couvre de brume
Tragique beauté en noir en mon sein tu allumes
Le dernier feu de joie brûlant mon espérance
Je te vois je te touche je sens ton souffle chaud
Effleurer mon visage comme un baiser d'amant
Tandis que sur mon corps courent inlassablement
Les ondes de ton désir en suprêmes soubresauts
Je me livre tout entier à tes lèvres avides
Qui sucent tout mon sang en vampire amoureux
Et laissent sur ma chair des signes sinueux
D'affreuses marques profondes qui deviendront livides
Tu veux sceller mes lèvres et clore à tous jamais
Mes yeux que tu envies car ils ont vu le Monde
Je sens déjà le marbre de ton visage immonde
Pétrir ma face blanche pour la défigurer
Mais quand tu me prendras tu auras soin d'abord
D'épuiser tout mon être par d'incessants délires
Faute de posséder mon âme qui expire
Et qui s'échappera quand tu tueras mon corps
Tu me feras souffrir mais tu ignores l'extase
Qui rendra toute ma chair insensible à ton mal
Tandis que tes doigts fins parcourront le dédale
De mes muscles tendus dans leur ultime face
Et quand déjà mon âme aura quitté ma chair
Ton étreinte cruelle m'arrachera des lèvres
Un cri de joie morbide de délire et de fièvre
Et qui te laissera une victoire éphémère
Et tu ricaneras en me toisant en maître
Transformé par tes œuvres en masque de douleur
En oubliant sereine du haut de ton bonheur
Que l'âme qui te contemple te remercie peut-être…

26/03/2017

Paradoxes

J'ai envie de prendre
Envie de donner
Envie de comprendre
Et d'être bourré

J'ai envie de croire
Envie de douter
Envier de savoir
Envie d'ignorer

J'ai envie d'être seul
Et accompagné
Envie de coups de gueule
Et de la fermer

J'ai envie de voir
De fermer les yeux
Envie de pouvoir
Le pire et le mieux

J'ai envie d'aimer
Aussi de haïr
Envie de pisser
De me retenir

J'ai envie d'envie
De rien et de tout
J'ai envie d'envie
D'être en Vie surtout…

17/08/2018

Trop moi

Dans un miroir qui me renvoie
La sombre inconscience de mon moi
Je crois cerner la vérité
Je suis très moche vieux et marqué

Parmi ces gens intelligents
Qui rient très fort ou font semblant
J'ai du mal à me situer
Je me sens laid bête et usé

J'aime trop le goût de la passion
J'en voudrais jusqu'à déraison
Mais je ne peux que constater
Je suis ridé con et fêlé

Toi tu arrives comme un aimant
Avec la douceur d'un enfant
Mon cœur s'apaise quand tu souries
Je suis ému beau et compris

Ta main en caresse sur ma joue
Tes lèvres tendres dans mon cou
Dans tes yeux brille ta vérité
Je suis unique jeune et aimé

Ta main laisse une marque sur ma joue
Tes lèvres sont morsures pour mon cou
Dans mes yeux brille ma vérité
Je suis trop moi pour être aimé…

23/05/2016

Je m'accuse

Ô toi qui nous a mis un jour sur cette Terre
Pourquoi as-tu créé le malheur la misère
Pourquoi as-tu posé en chemin des frontières
Qui incitent les gens à se jeter des pierres
Surtout ne me dis pas que la faute est sur nous
Tu as créé la pomme juste pour nous rendre fou
Tu as voulu tester les sentiments des hommes
Mais sans trop te soucier de leurs problèmes en somme
Et depuis ce Temps-là le fruit s'est reproduit
Les pommes se multiplient et la Terre dépérit
Toi tu te glorifies là-haut fier de ton âge
D'avoir créé des gens qui reflètent ton image
Tu as mis sur la Terre une femme sans voile et nue
Les hommes la regardent et la croient sans vertu
Ils lui mettent un foulard ils lui tapent dessus
Pourtant ce n'est pas toi qui créas le tissu
Que dis-tu de ces gens qui se remplissent la panse
En exploitant des mômes dans des caves sans lumière
Et s'offrent grâce à leurs larmes aveugles de leurs souffrances
Le pouvoir de l'argent et le sens des affaires
Et que dis-tu de ceux que tu envoies en guerre
Dans des pays lointains qu'ils ne connaissent même pas
Qui laissent derrière eux leurs enfants et leurs mères
Et qui risquent leur Vie à chacun de leurs pas
N'as-tu pas quelques fois une petite larme pour eux
Sans me parler de foi ni même de sacrifice
L'agneau n'a plus de sang on l'égorge par jeu
Une petite larme de toi à l'adresse de tes fils

Je te pris d'accepter mes plus plates excuses
En te disant tout bas que je ne m'aime plus
Car si je te ressemble il faut que je m'accuse
Des malheurs de la Terre que tu as corrompue…

20/07/2018

Tous les repos

Il n'y a pas de pause dans mes champs de misère
Pauvre Con sans Soleil je m'éteins dans la nuit
Comme une ombre de moi-même tel un robot qui erre
Sans charme et sans éclat plus rien ne m'éblouit

C'est une Mer grisée qui hante mes crépuscules
Quand le trouble s'installe comme un épais brouillard
Il y a trop longtemps que j'avance sans recul
Plongé dans ma tristesse vivre seul est un Art

Dans mes trop longs silences mes soupirs se dilatent
Indécis par défaut je me promène dans l'ombre
Mais j'aimerais pourtant que le sombre s'écarlate
Pour m'évader un peu de mes maudits décombres

Pourtant la crainte m'aborde car les pièges sont mortels
Des Amours déguisés en promesses de toujours
Nulle aurore ne dissipe ma brume habituelle
Dans l'obscur sous-jacent j'anticipe mes vieux jours

Mon cœur grêle en sanglots dans le tremblant silence
Et j'attends que la nuit m'apporte tous les repos
Espérant que mes songes m'emmènent en délivrance
Vers une Vie infinie dans un Monde plus beau…

22/05/2016

Filet de Lune

Un doux filet de Lune
Ma couche a caressé
À l'heure inopportune
Où mon esprit rêvait

Ta main m'a retenu
Avant je saisisse
Ce rayon imprévu
Glissant dans mes coulisses

J'ai préféré t'aimer
Dans l'ombre de la nuit
Plutôt que d'admirer
Sa blonde féerie

Nos baisers passionnés
Défilais sous la Lune
Son croissant étoilé
Faisant notre fortune…

21/08/2017

Une poussière

« Dis-moi ô toi ma Lune qui éclaire notre Ciel
Dis-moi comment tu peux vivre sans ton Soleil
Comment toi Reine des Cieux tu restes solitaire
Loin de cet Astre brûlant comme les flammes de l'Enfer

Tu l'aimes donc ton Soleil comme le disent les histoires
Les deux amants maudits lui du jour toi du soir
Liés à tous jamais par le sort par le Temps
Mais séparés toujours inséparables pourtant

Dis-moi Lune mon Amie comment vois-tu le Monde
Il est sombre et si froid et tapissé de tombes
Le vois-tu dans le noir quand tu t'es éclipsée
Que vois-tu ô ma Lune quand le jour s'est levé

Dis-moi ô toi ma Lune pourquoi sommes-nous si seuls
Ta lumière scintillante nous fait comme un linceul
Dans le noir dans la nuit toi et moi réunis
Mais si loin l'un de l'autre enfermés dans l'ennui

M'entends-tu toi ma Lune serais-je fou à lier
Ou parlerais-je seulement à un pauvre rocher
As-tu une âme ma Lune ou n'es-tu qu'adultère
Vois-tu tous ces humains provoquer leur misère

Pardonne-moi ma Lune encore je te dérange
Mais pourtant tu m'écoutes toi la beauté étrange
Alors dis-moi ma Lune pourquoi suis-je fais ainsi
Je ne me reconnais en nul point chez autrui

Dans notre humanité tous les hommes sont égaux
Alors pourquoi certains accumulent tous les maux
Explique-moi pourquoi la Mort frappe les enfants
Ceux qui n'y sont pour rien dans ce Monde dément »

Et depuis sa prison je vois la Lune briller
Je la vois s'animer peut-être se réveiller
M'aurait-elle entendu a-t-elle donc une conscience
Elle me répond pourtant défiant toutes les sciences

« Je suis faite de glace mon cœur est endurci
L'être humain est ainsi car son âme est pourrie
Il ment il pille il viole et ne sait pas aimer
Il le croit cependant son Amour est-il vrai

Vous êtes corrompus et j'en suis triste aussi
L'homme se détruit tout seul par la haine qu'il charrie
Et toi toi qui me parle et qui essaie de vivre
Tu n'es qu'une poussière qui apprend à survivre » …

27/01/2017

Puits sans fond

Dans l'amer trop souvent j'ai balancé mes rêves
Les bouteilles revenues sont remplies de zéro
Qui annoncent que l'Amour pour toujours est en grève
Échoué tendrement parmi tous mes défauts

Je suis là Pauvre Con prisonnier dans le sable
Mouvant à contre-sens dans mes larmes rouillées
Et mon cœur s'asphyxie des douleurs qui l'accablent
Le désAmour toujours d'un présent dépassé

J'ai tant voulu voler qu'au sol je reste cloué
À quoi bon espérer et que valent les suppliques
Puisque les ans peinés finissent par me noyer
Puisque l'acte d'aimer est opéra tragique

J'écoute le bruit des longs trop longs et noirs silences
La fêlure froide des heures du Temps qui se surpasse
Et je cherche dans ma Vie où y trouver un sens
Je pense et je repanse mes plaies à la ramasse

Dans l'Océan ce soir j'ai noyé tous mes rêves
J'ai vidé mes bouteilles de S.O.S profonds
La tristesse est partie ennemie toujours brève
Je m'endors dans tes mots là dans mon puits sans fond…

23/05/2016

87

Les miens

Il y a des mots interdits
Des mots d'envie des mots de Vie
Des mots qui pleurent ou qui s'enfuient
Des mots secrets des mot de nuit
Il y a des mots défendus
Des mots tout nus des mots perdus
Des mots qu'on jette aux détritus
Des mots qu'on tue des mots velus
Il y a des mots condamnés
Des mots brisés emprisonnés
Des mots piégés ou déchaînés
Des mots écrits qu'on a gommés
Il y a des mots à l'envers
Des mots menteurs des mots pervers
Des mots sucrés ou trop amers
Des mots de colère ou de Bière
Il y a des mots de grand vent
Des mots qui volent des mots du Temps
Des mots d'enfants mots cerfs-volants
Des mots que le présent attend
Il y a des mots silence
Des mots en source d'espérance
Des mots rouillés qui prennent un sens
Des mots en ruisseaux de confiance
Il y a des mots en chanson
Des mots violets des mots moisson
Des mots d'éternel horizon
Des mots de rien des mots de con
Il y a des mots à semer
Des mots loin des portes fermées
Des mots en fleurs de Liberté
Des mots d'Amour et d'amitié
Les miens sont ainsi métissés de Vie
Les miens sont aussi une part de ma Vie…

23/01/2017

Ce moment

Après les derniers bruits des humains dans les villes
Et une fois assoupies les bouches volubiles
Avant le premier chant des oiseaux du matin
Après la dernière Bière vendredi au Longin

Il y a un moment dans les rues immobiles
Un moment assez bref bien connu des vigiles
Un moment très spécial où l'horizon hyalin
Façonne à sa manière la rosée en satin

Ce moment je l'attends tout dort et moi j'écris
Irréels ou vivants les mots que j'imagine
Jaillissent de ma plume le long du manuscrit

Certains seront mes peurs d'autres m'auront guéri
Ils seront l'Univers depuis son origine
Et puis le jour poindra sur mes feuillets noircis…

17/08/2018

Le cœur de ma plume

Quelque chose est bloqué au cœur de ma plume
Ma voix s'est enfermée sans m'en dire la cause
Je peux voir maintenant comment le noir s'allume
Il me noie en silence quand mon encre overdose
Ma voix s'est enfermée sans m'en dire la cause
Le mot s'est échappé s'en allant aux lumières
Il me noie en silence quand mon encre overdose
Je l'imagine heureux loin de mon cimetière

Le mot s'est échappé s'en allant aux lumières
Alors qu'hier encore il me donnait l'Amour
Je l'imagine heureux loin de mon cimetière
Va-t'en si tu le veux mais en rimes pour toujours
Alors qu'hier encore il me donnait l'Amour
Je n'ai plus qu'un désir le revoir et l'entendre
Va-t'en si tu le veux mais en rimes pour toujours
Je connais tes caprices les pires et les plus tendres

Je n'ai plus qu'un désir le revoir et l'entendre
Célébré adoré aux lèvres du poète
Je connais tes caprices les pires et les plus tendres
Et qu'à la Muse enfin tu sois l'ultime quête
Célébré adoré aux lèvres du poète
Je t'ai chéri de vers j'ai cru servir un Art
Et qu'à la Muse enfin tu sois l'ultime quête
Tu me laisses fiévreux et sans regret tu pars

Je t'ai chéri de vers j'ai cru servir un Art
J'étais sûr d'être tien je vivais pages à pages
Tu me laisses fiévreux et sans regret tu pars
Et je respire à peine échoué en naufrage
J'étais sûr d'être tien je vivais pages à pages
Je peux voir maintenant comment le noir s'allume
Et je respire à peine échoué en naufrage
Quelque chose est bloqué dans le cœur de ma plume…

22/05/2017

90

Le déclic

Quand le cœur s'est éteint qu'il ne bat plus de rien
Que la vive étincelle dans les yeux se fait loin
Que chaque minute nous courbe un peu plus le dos
Que l'avenir s'enlise dans un Monde pire que clos

Mais comment faut-il faire pour retrouver l'envie
Comment trouver la force d'affronter sa survie
Comment peut-on apprendre de nouveau à sourire
Quel déclic fera qu'on évitera le pire

Les mots s'ensuivent toujours pareils aux précédents
Les rêves s'amenuisent dans des visages fuyants
L'étoile qui m'accompagne se cache ou elle s'enfuie
La Lune sa compagne n'éclaire même plus mes nuits

La douleur prend sa place efface tous sentiments
Mélancolie tenace qui arrête les printemps
Il file pourtant le Temps et les années qui passent
Sont à jamais perdues et rien ne les remplace

Quand le cœur s'est éteint qu'il ne répond de rien
Que la vive étincelle dans les yeux est chagrin
Mais comment faut-il faire pour retrouver sa Vie
Quel déclic fera qu'on aura encore envie…

25/05/2016

On

Je le sais et tu sais que jouer est facile
Et que l'on peut tricher tous les coups sont permis
Petit pincement de lèvres comme un aveu fragile
Pourquoi ne pas ruser le bonheur est ainsi

Je le sais et tu sais que tout est mascarade
Et tant pour tous ceux qui n'y voient que du feu
Il suffit d'un sourire et la confiance se farde
On se donne le change et on baisse les yeux

Je le sais et tu sais que la Vie est théâtre
Ensemble on a joué une pièce en trois actes
On a ri sous nos masques comme des acteurs en plâtre
Tout en nous raccrochant à des mots inexacts

Je le sais et tu sais que le Temps nous emporte
Et nous montrons parfois l'envie de s'en sortir
Quand lassés de souffrir et de fermer nos portes
On refuse la défaite en préférant meurtrir

Je le sais et tu sais que chacun peut nier
Et se rasséréner de ses mensonges amis
Puisque la vérité ne doit l'être en entier
Elle n'est bonne à servir que passée au tamis

Je le sais et tu sais que nous sommes des pantins
Et nos égos perfides nous dirigent à leur gré
Quand le rideau baissé on s'aperçoit enfin
Que nous ne savons pas tout simplement s'aimer…

14/09/2019

92

Pendu

En aveugle j'admirais voler les éphémères
En ton cœur j'aspirais à chasser les chimères
Chevalier en charrette de nos quêtes d'absolu
Et me voilà perdu

Sur un autre chemin je fixais l'aube nouvelle
Saupoudrant les airains d'une fleur demi-sel
Bientôt sur nos rosées s'imbibaient les sangsues
Encore je suis perdu

Dans mon fiévreux désir de profonds Océans
J'ai mordu aux plaisirs à m'en ronger le sang
Je suis un fameux cerf de tout son mâle imbu
Même là je suis perdu

Pour toi béatitude ma fenaison est d'or
Tu fais vibrer mon Sud en affolant mon Nord
Je hume enfin la Rome à tes lèvres éperdues
Où je me suis pendu…

16/07/2016

Ta place

Mes silences répétés parfois me sèment le doute
M'empêchant d'entrevoir l'autre bout de la route
Peut-on vraiment dompter un vieux Con solitaire
Le faire un jour parler ou le laisser se taire

Il m'arrive si souvent de quitter le chemin
De m'éloigner un de ma lâcher la main
De voyager trop loin aux confins de mes rêves
Et de réapparaître quand le Soleil se lève

À chaque fois je reviens sur les ailes du vent
En me disant les mots tous ceux du Temps d'avant
Et puis je me rappelle nos délires amoureux
Nos instants métissées et tous nos jours heureux

Et si de prendre congé de moi me vient l'idée
Pour voir d'autres tableaux et puis me dérider
Je sais qu'au fond de moi ta place est en première
Surtout quand mon esprit délire sur ma matière…

15/08/2017

94

Comme on donne

L'Homme est un corps et la Femme un esprit
Est-ce à dire qu'Il ne pense qu'Il ne sait ce qu'Il dit
Ou que la Demoiselle de son corps a fait fi
Que l'Un veuille être l'Autre en prétendant que Lui
N'a que faire de l'Autre ouais puisque l'Autre c'est Lui

Alors Ils se fusionnent en ne faisant plus qu'Un
Prétendant que personne n'est un maître en Humain
Et moi je me demande comment serait la Vie
Si tous les corps du Monde nous faisaient de l'esprit
Et que l'esprit féconde des corps aux cent esprits

C'est une tour de pas belle qui mélangea les lits
Décidant que pour Elle ça serait toujours Lui
Et que les amalgame étaient une autre voie
Une voix qui réclame d'être à peu près ou pas

Que nos voix nous pardonnent si nous n'avons compris
Qu'on reçoit comme on donne encore et en esprit…

25/08/2017

Par erreur

Je ressens l'engouement et l'excès de ferveur
De vos hordes lâchées et censées me faire peur
Mais vous n'aurez de moi qu'un très profond dédain
Et vos courriers froissés déchirés par mes mains

Vous visez en plein cœur dans le flux de l'aorte
Me laissant tel un rat quand on frappe à ma porte
Dans mon sang qui se mare face à vos lettres d'huissiers
Stérile humiliation c'est sûr vous jouissez

Vos inféconds venins me raidissent les veines
Las sous les crocs suintants des chevaux de la Reine
Ankylosent mes vents et mes sauts de génie
Naturel galopant je reviens et hennis

Et pis j'emmerde aussi tous ceux qui brisent mes rêves
Qui m'offrent aucun répit pour que mon cœur en crève
Sur vos trônes affalés c'est sûr vous tomberez
Le jour où par erreur vos torts vous avouerez…

20/06/2018

Les hauts murs

Comme un adieu qui renaîtrait de jour en jour
Comme un marcheur qui franchirait des murs d'Amour
Je suis tu es nous sommes faits de rêves qui dérangent
Où des peurs des frayeurs le désir se mélangent

Les monuments font toujours de l'ombre aux passants
On ne sait rien de l'avenir est-ce indécent
En se projetant mais sans mettre les voiles
On chérit son trottoir ses égouts ses étoiles

À moins d'aimer le noir des Cieux la frange est belle
L'ennui des tous petits fait le lit des rebelles
Quand ils marchent soudés les enfants étincellent
À l'envers de nos nuits en miroir arc en ciel

Comme un marcheur qui franchirait ses rêves de glace
Comme un poète embrase ses mots et puis s'efface
Je suis tu es nous sommes faits de hauts murs d'Amour
Qu'on ne reconstruire qu'en aimant chaque jour…

05/10/2016

L'Amour ment

J'aimerais avorter tous mes maux intérieurs
Jeter loin derrière moi tous mes songes stériles
Et me retrouver nu dans un meilleur ailleurs
Laisser tomber enfin toutes les choses inutiles

Je ne veux plus rêver à ces tristes Amours
Les ordures de mon cœur je les ai supprimées
Les sentiments puissants qui jonchent mon parcours
À croire que toujours se conjuguent au passé

Mais non il n'en est rien et geindre fait trop mal
Je ne supporte plus se verbe qui est combat
Ces rencontres éphémères du plaisir si banal
Qui nourrissent les douleurs sur l'organe qui bat

J'écris mes mots pour faire pleurer tous mes tourments
Quelques larmes de Bière perlent de mes yeux usés
Je crie sur la page blanche à l'encre houblonnée
Que l'Amour naît pas stable ouais que l'Amour nous ment…

08/08/2018

Il est heureux

Dans ma mémoire les flots s'écoulent dérisoires
Et de leurs eaux parfois remontent mes noyés
Décrépis et gonflés aussi j'aimerais croire
Aux ondes chamarrées me rendant singulier

J'ai vu parmi les vignes trop de postures salaces
Les sillons engorgés de pensées dégueulasses
J'ai vu l'épouvantail trop exhiber son corps
En pâture pour des cons qui ressemblent à des porcs

J'en ai vu du mesquin si poli si gentil
S'excusant et semant quelques hypocrisies
Aujourd'hui je vais droit dans un Monde qui boite
Dispensant le pardon et aussi quelques droites

J'ai vu dans l'opulence de fausses agonies
Car « *La Vie ne vaut rien mais rien ne vaut la Vie* »
Connaissez-vous l'histoire de Mademoiselle Blanche
Quand ce n'est pas au cul elle a mal à la hanche

J'ai vu à la campagne des horizons plus bleus
Mais aussi l'aboiement des fachos et des bœufs
Ceux qui croient tout changer une fois l'hiver passé
Mais qui pleurent au printemps et se noient dans leur Bière

J'en ai vu du hautain mais pourtant si peureux
Pas foutu d'effleurer les vrais maux de la Terre
Je m'en vais en citant une nouvelle fois Baudelaire
« *L'homme est allé si bas, enfin il est heureux* » ...

13/07/2018

À soi

Quelle soit avilissante ou même Reine des actrices
La Mort peut être violente ou bien libératrice
Elle est une impulsive au bord de l'indécence
Quand elle nous aide à vivre elle est la complaisance

Si chaque être a une âme alors dieu à sa Mort
Si chaque homme a une femme chaque a ses remords
Et quand le jour se lève dans le jus de son fruit
La nuit éteint ses rêves et fait place à la Vie

Nous portons tous un masque pour déguiser nos peurs
Et nos idées fantasques se noient dans les douleurs
La vérité des choses n'est pas ce que l'on croit
Mais plutôt cette cause qui fait de Toi un moi

Je t'aime dans mes rêves je t'aime dans mes nuits
Et quand l'Amour s'achève j'invoque ta magie
La Vie et la Mort sèment dans les bras de la joie
Quelques jolis poèmes écrits en vers à soi…

25/07/2017

C'est mieux

Mauvais mouton mauvais garçon
Mauvais sérieux mauvais neveu
Mauvais tonton mauvais daron
Mauvais heureux mauvais pas mieux

Mauvais croyant mauvais enfant
Mauvais voisin mauvais copain
Mauvais parent mauvais amant
Mauvais cousin mauvais frangin

Mauvais acteur mauvais auteur
Mauvais dessert mauvais beau-frère
Mauvais rimeur mauvais joueur
Mauvais grand-père mauvais beau-père

Mauvais parfait mauvais français
Mauvais ami mauvais ennemi
Mauvais mauvais mauvais c'est vrai
Mauvais mari mauvais à Vie

À part ça on va bien
Ma parano et moi
Ensemble on est serein
On peut faire crois-moi

Et si on fait pas pire
On ne fera pas mieux
Ce n'est rien de l'écrire
Ouais le vivre c'est mieux...

15/01/2017

Jusqu'au bout

Vous m'avez pris la main me sortant du brouillard
De mes nuits continues je crois qu'il était tard
Je me suis laissé faire la Lune m'a éclairé
Vos doux yeux m'incitaient à ma laisser aimer

Votre regard noisette se plongeait dans le mien
D'abord intimidé je ne lâchais vos mains
Nos airs rêveurs faisaient se rapprocher nos lèvres
Effleurés doux baisers laissaient monter la fièvre

Plus câline que les anges vous troubliez mon âme
Dans l'amer vous aviez récupéré mes rames
Sur le radeau l'Amour s'initie lentement
Dans vos bras s'apaisaient mes trop profonds tourments

Votre écoutait les battements de mon cœur
Il me semble qu'elle touchait l'endroit de mon bonheur
Et mon sang reprenait rapidement sa route
Vous m'éloigniez ainsi de toutes mes déroutes

Dans cet instant complice Vous et moi on a bu
À la santé de là où l'on ne ressent plus
Que l'Amour à aimer en nos corps réunis
Qui vont tout se donner jusqu'au bout de la nuit…

21/08/2018

Le chemin

L'allée est éclairée mais le chemin est long
La Lumière dans les arbres crée sur le sol des ombres
Les feuilles desséchées font du bruit sous mes pas
Le vent dans mes cheveux me fredonne tout bas

« Avance lentement mais prend garde au chemin
Tranquille et solitaire il semble tendre sa main
Mais ne l'attrape pas ou il te gardera
Surtout ne la prend pas ou lui il te prendra

Car douces sont ses fleurs tentants sont leurs parfums
Les fruits pendus aux arbres semblent mûrs et à point
Le ruisseau est limpide il coule doucement
Mais si tu t'y prélasses il te noiera sûrement... »

« Ô vent mystérieux merci pour tes conseils
Je prendrai garde à tout à la pluie au Soleil
Et la nuit et la Lune en seront mes témoins
Toute la fausse douceur je la laisserai loin... »

Poursuivant mon chemin je redeviens méfiance
Mon âme mon corps flétri ont perdu toute confiance
Mes rêves d'autrefois se dissipent et se meurent
Pleins de désillusions mes yeux perdent leur lueur

Puis la pierre de mon cœur se transmet à ma chair
Elle me fige et m'empoigne sa prise se resserre
Mon âme s'enfuit très loin de mon corps corrompu
Elle m'abandonne là dans ce corps de statue

Le temps coule et se passe un jour ou une année
Je ne saurais le dire mais les fleurs ont fané
Les arbres nus ressemblent à de mornes squelettes
Et toute cette Solitude me fait perdre la tête

Mais au loin apparaît une violâtre Lumière
Elle avance vers moi espérance stellaire
Et une forme humaine peu à peu se précise
Elle a l'air confiante et pas du tout soumise

Puis je la reconnais je connais ce visage
« Est-ce Toi est-ce bien Toi ou est-ce ton mirage
Comment m'as-tu trouvé et m'as-tu reconnu
Je me suis égaré dans ce Monde perdu

Si c'est Toi et bien Toi et non pas ton mirage
Redonne Vie à mon corps couleurs à mon visage
Et délivre mon réanime mon âme
Le froid de la méfiance passe le au lance-flammes… »

Un sourire l'illumine et fait briller ses yeux
Comme dans mon souvenir ils sont noisette et feu
Sa main douce et vivante prend la mienne pétrifiée
Fait rebattre mon cœur jusqu'à me libérer

Et grâce à ta Lumière mes yeux s'éclairent d'envies
Ton regard est de ceux que jamais on oublie
Tu me prends dans tes bras et ta bouche vermeille
Aux lèvres douces et tendres ma murmure à l'oreille

« N'écoute jamais le vent il est fourbe et cruel
Il nous chuchote nos peurs les mauvaises nouvelles
Il déracine les fleurs diffuse les mauvaises ondes
Dans ses grandes colères il peut détruire le Monde

Il est jaloux de nous car il est solitaire
C'est le cas de le dire il est vide comme l'air
Prends ma main maintenant et garde-la toujours
N'aie pas peur du chemin il nous mène à l'Amour » …

06/02/2017

Dans vos pas

Dans les sphères étoilées où les âmes s'affolent
Vos nébuleuses poudres qui réclament mes mèches
Font à grands coups de foudre de hennissantes brèches
Pour vos galops lancés dans une course folle

Pour mieux me dévoiler votre face sous la Lune
Vous lancez vos voiliers en rafale sur ma Dune
Filante comme la foi votre étoile a tracé
La sinueuse vois vers votre peau nacrée

Et Vous voulez pour deux toute l'emphase des Cieux
Faire s'animer les feux allumés par vos yeux
Me darder de rayons de solaires chimères
Pour faire poindre l'halcyon en mon cruel hiver

Mais je vous vénale vestale de Mercure
Les absinthes fatales en votre chevelure
Vous me préférez ivre devinant vos mystères
Je ne vous vois que Vouivre dans un nœud de vipères

Le Styx sur vos sables et vos quartz saphiques
Charrient d'intarissables naufrages poétiques
J'agrippe la bouée tel Ulysse en éveil
Ainsi Vous vous fondez comme neige au Soleil

Mes volontés éparses se battent à la surface
En grand guerrier de Mars je lutte contre vos grâces
Et les épines me privent de vos flots de Venus
Tout comme vos roses dérivent dans l'onde de l'Indus

Puis l'anneau de Saturne retentit l'hallali
Dans un pacte nocturne aux profondes saillies
Votre Amour est un loup qui annonce mon trépas
Sa magie grâce à Vous m'entraîne dans vos pas…

07/07/2018

Dans nos veines

Si je me fais silence au fil bruyant des jours
C'est pour tenter d'entendre au Temps qui nous éloigne
Un peu de tes mots doux que j'aimerai toujours
Sur le rythme évident que mon cœur te témoigne
Si je me fais absence et que je ne réponds
Qu'aux abonnés transis que plus rien n'interpelle
C'est que j'apprends en rêve à franchir d'autre ponts
Me menant jusqu'à Toi quand la Mer se rebelle

Si je me fais violence en pleine agitation
C'est que j'irai sans mal perdant ma retenue
Déshabiller ton corps avec la tentation
De rhabiller le mien juste avec ta peau nue
Et si je perds mes sens et que je traîne un peu
Au Nord de ma boussole ô que tu déboussoles
C'est que j'aime en hiver retrouver dans ton feu
Le chemin vers mon Sud des pleurs que tu consoles

Si je pouvais t'offrir un morceau de mon Ciel
Je choisirais pour Toi celui de mes nuages
Plus blancs que cette neige qui recouvre tout mon fiel
Mais qui finit toujours souillée par nos passages
Si je pouvais toucher en ce tableau fortuit
Une étoile au sommet de la montagne obscure
J'irais la décrochée pour Toi en pleine nuit
Elle aura comme Toi l'éclat de la plus pure

Ô sais-tu mon Amour que rien ne vaut le Temps
Et toute son acuité au milieu des chimères
D'une brève rencontre mais qui semble pourtant
Porter l'éternité plutôt que l'éphémère
Ô tu sais mon Amour qu'il est des interdits
Qui baignent dans l'eau qui dort de nos Morts si certaines
Et qu'il n'est pas trop tard malgré qu'on soit maudits
De les braver ensemble puisque c'est dans nos veines

21/06/2018

Encore

J'ai dû lutter parfois saigner sur les saillies
Sur les pierres en chemin pour qu'enfin la clémence
Perçant sous les rayons d'un Astre qui pâlit
Accueille la rosée l'or et la renaissance

Mais que dois-je faire du Temps perdu dans ses rouages
Où je compte à rebours tous mes actes manqués
La vertu et l'espoir de mes rêves insensés
Les caprices du vent et mes lointains voyages

Où est la vérité l'éternel combat
De mes gloires éphémères triomphantes si fières
La voile à l'horizon qui jamais ne sombra
L'Amour a ses raisons que la raison acère

Je dose la coulée du sucre dans l'absinthe
Espérant l'hallali qui résonne au lointain
Accroché au comptoir emporté par mes pintes
Ouais pour toucher l'ivresse toujours pisser plus loin

Je songe vers d'autres Cieux à humer les parfums
Ou même à me payer celui d'une catin
Cette eau sous les rochers ressassant les ébats
Et les goutes suintantes tout en haut de ses bas

Et puis Toi tu es là parfaite sur le dancefloor
Ton sourire magnifique rayonne sur ma Despé
Tes yeux à ma rescousse se déhanchent sur mon corps
Toi l'Unique exception qui encore m'a piqué…

29/04/2019

La Tienne

Mains de bébé main d'innocence
Joyaux qu'on admire ébahi
Abandonnés en toute confiance
À ceux qui guideront leur Vie

Mains abimées des travailleurs
Respectueuses infiniment
Le pain gagné dans la douleur
Le courage inlassablement

Des mains qui courent sur un piano
Ou sur les cordes d'une guitare
Notes légères trilles d'oiseaux
Musiques au cœur puissant nectar

Mains salvatrices des soignants
En fluide emplis de compassion
Gestes précis et apaisants
Viennent panser les afflictions

La beauté aux mains des artistes
Crée des couleurs qui nous enchantent
Et du rubis à l'améthyste
Mille facettes éblouissantes

Main dans la main aux épousailles
Réunies en un seul Amour
Le foyer au temps des semailles
Mains se joignant pour toujours

Mains de vieillard en parchemin
Les paumes marquées par les sillons
Où se rejoignent tous les chemins
Que la Vie traîne dans ses wagons

Si toutes les mains de par le Monde
Qui se recherchent obstinément
Un jour se trouvent et se confondent
Elles pourraient vivre intensément

Main parmi ces mains dans la mienne
La seule que j'attends c'est la Tienne...

08/08/2018

En tempête

Alors j'ouvre les yeux essayant d'entrevoir
Un lambeau de Ciel bleu quelques miettes d'espoir
Mais tout en moi se teinte d'une grisaille infinie
Et le jour s'assombrit comme une épaisse nuit

Un cormoran se meurt englué dans les eaux
Pétrifiées par l'or noir et devenues tombeaux
Du bonheur de mes rêves tandis que sur mes doigts
Brûle insensiblement le sable de mes joies

Tout ce que je construis tout ce que je désire
Devient statue de paille emportée par le Temps
J'en oublie le meilleur pour me gaver du pire
Qui me saoule du fiel animé par les gens

Muet sourd et aveugle à toutes les beautés
Des choses qui m'entourent je ressasse hébété
Des litanies moroses aux refrains lancinants
Pour mieux ancrer en moi ce noir désespérant

Et j'enlève le baume apaisant mes brûlures
Et j'écarte les mains qui soignent mes blessures
Ouais c'est moi qui nourris l'insondable Océan
Bouillonnant dans ma tête de négatifs relents

En tempête dans ma Vie Toi tu es revenue
Arc en ciel tu surgis je ne suis plus perdu
Mes yeux ont retrouvé leur éclat le plus pure
Les tiens noisette et or ensoleillent mon azur

Et mon cœur en jachère tu le métamorphoses
Il passe du noir au gris puis soudain devient rose
Tu transformes mon spleen en jardin refleuri
Ce jour tant redouté tu me l'offres aujourd'hui…

18/09/2019

110

Tout compris

Lueur de l'Infini mon unique horizon
Tu envoûtes mes nuits à m'en perdre la raison
Ton chant s'était garé dans mon âme écorchée
Parmi mes noirs brouillards je t'ai longtemps cherché

Habité de néant j'errais dans les couloirs
M'enfonçant aux tunnels des abîmes sans joie
Je n'avais plus de foi s'envolaient mes espoirs
Aux sillons du destin tracerais-je ma voie

Dans mon rêve est gravé ton cœur ensorcelant
Où que ma nuit s'achève en secret je t'attends
J'entends ton doux murmure es-tu dans mes silences
Viendras-tu m'éclairer Toi ma folle espérance

Aux pôles flamboyants ton souffle envoûtement
Éveillera mon âme en sa peine endormie
Je renaîtrai des cendres aux feux d'un autre Temps
Près de Toi mon Amour Toi qui m'as tout compris…

30/09/2019

Mais jamais

Tu me verras sourire
Tu me verras haïr
Tu me verras délires
Tu me verras mots dirent

Tu ma verras vainqueur
Tu me verras erreur
Tu me verras sans cœur
Tu me verras plusieurs

Tu me verras me feindre
Tu me verras me plaindre
Tu me verras m'éteindre
Tu me verras m'étreindre

Tu me verras marqué
Tu me verras pisser
Tu me verras marié
Tu me verras bourré

Tu mes verras à l'Est
Mais souvent à l'Ouest
Ouais tu verras mes restes
Comme Camus Dans sa peste

Tu me verras sans Nord
Au Sud de nos encore
Tu me verras sans corps
Tu me verras trop fort

Tu me verras ému
Tu me verras déçu
Tu me verras perdu
Et peut-être cul nu

Tu me verras à part
Tu me verras sans Art
Tu me verras Bâtard
Tu me verras trop tard

Tu me verras humour
Tu me verras secours
Tu me verras Amour
Tu me verras toujours

Tu me verras comme ça
Pauvre Con solitaire
Tu me verras comme ça
Mais jamais sans ma Bière…

17/02/2018

Petites Puces

Petites Puces dans le cœur d'un homme
Dansent autour d'un feu en chantant
Dans une ronde qui est un peu comme
L'hymne au bonheur d'être parent

Petites Puces dans le cœur d'un père
Brillent plus que l'éclat du diamant
Diffusent tout autour la Lumière
Qui me fera devenir grand

Petites Puces dans les yeux d'un homme
Redonnent force courage et espoir
Comme un refrain qui est en somme
Une fête de l'Amour et sa gloire

Petites Puces dans les yeux d'un père
Usent de leurs pouvoirs comme des fées
Deviennent l'oasis du désert
Où leur papa s'est égaré

Mes petites puces au regard bleu
Vous êtes mes ailes mon seul abri
Je vous aime autant toutes les deux
Vous êtes le souffle de ma Vie...

19/04/2002

Listes des textes